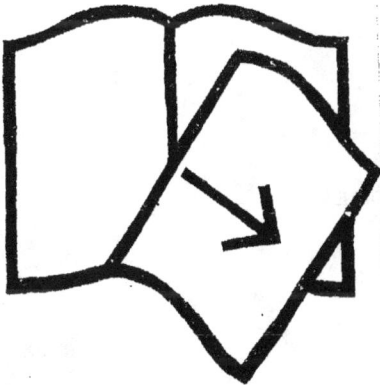

Couverture inférieure manquante

Début d'une série de documents
en couleur

DOCUMENTS

POUR SERVIR

A L'HISTOIRE DE LA FABRICATION

DU

POINT D'ALENÇON

PAR

Louis DUVAL

ARCHIVISTE DU DÉPARTEMENT DE L'ORNE

ALENÇON

TYPOGRAPHIE E. RENAUT-DE BROISE

—

1883

Extrait du *Bulletin de la Société Historique et Archéologique de l'Orne*

Fin d'une série de documents
en couleur

DOCUMENTS

POUR SERVIR

A L'HISTOIRE DE LA FABRICATION

DU

POINT D'ALENÇON

I

La vogue extraordinaire dont a joui le Point d'Alençon, la fortune et la considération méritée dont cette fabrication a été l'origine pour plusieurs familles, ce goût du merveilleux qui s'attache si facilement à tout ce qui excite l'admiration du vulgaire, la vanité des uns, l'ignorance des autres ont contribué à entourer le berceau de cette industrie d'ornements parasites et d'embellissements de fantaisie qu'il est temps de faire disparaître.

Voici quels auraient été, d'après le savant auteur des *Mémoires historiques sur Alençon et sur ses seigneurs*, P.-J. Odoiant Desnos, les commencements de la manufacture du Point d'Alençon :

« Le grand Colbert, ayant formé le projet d'établir en France des manufactures de dentelle, s'adressa à une dame Gilbert, originaire d'Alençon, et lui fit une avance de cinquante mille écus. Elle savoit faire de tout point la dentelle de Venise : elle se rendit à Alençon, y rassembla beaucoup de femmes et de filles à qui elle apprit à travailler aux différentes parties de dentelles, plus connues sous le nom de *Point d'Alençon*. Thomas Ruel, la seconda beaucoup dans l'entreprise de sa nouvelle manufacture. La dame Gilbert retourna à Paris avec quelques pièces de dentelles. Colbert fit naître au monarque l'envie de les aller voir. Le roi annonça, à son souper, qu'il venoit d'établir une manufacture de Point plus beau que celui de Venise, et fixa le jour où il devoit aller visiter les premiers essais. Il les trouva xposés sur un damas cramoisi qui meubloit l'appartement; en fut satisfait et fit compter à la dame Gilbert une somme considérable. A peine

le roi étoit sorti que tout fut enlevé. La dame Gilbert revint aussitôt à Alençon et, toujours secondée du sieur Ruel, elle employa
un beaucoup plus grand nombre de mains. Cette manufacture
fut établie par lettres patentes du 5 août 1675, et le privilège
exclusif accordé pour dix années à une compagnie à laquelle il
arriva des variations. A l'expiration des dix années, la compagnie
fut dissoute, les fonds et les bénéfices partagés..... Les différents
travaux de cette manufacture faisoient l'occupation du sexe de
tous les états de la ville et des environs...

« Cette branche de commerce est beaucoup tombée depuis quelques années ; mais la ville n'en doit pas moins de reconnoissance
à la dame Gilbert qui fit une très-grande fortune ».

Joseph Odolant Desnos, petit-fils de l'auteur des *Mémoires
historiques sur Alençon* et possesseur de quelques-uns de ses
manuscrits, ajouta quelques variantes au récit de son aïeul :

« De toutes les dentelles, le Point d'Alençon, que l'on appelait
aussi *Point de France* et *Point d'Argentan*, est celle qui convient
le mieux aux personnes riches. . Cette dentelle que l'on nommait autrefois *Point de Venise*, et dont le nom nous indique
assez l'origine, fut longtemps la seule qu'il fût permis de porter à
la cour.... Sa consommation devint tellement considérable sous
Louis XIV qu'elle fit naître à Colbert l'idée d'en importer en
France la fabrication. Le difficile, pour Colbert, fut de rencontrer
une personne capable de former rapidement des ouvrières ;
néanmoins il la trouva. Ce fut une dame Gilbert qui avait fait
son apprentissage à Venise et était native d'Alençon. Dès qu'elle
fut à ses ordres, ce ministre la logea dans le magnifique château
de Lonrai qu'il possédait près d'Alençon. Colbert lui fit aussi les
avances d'une centaine de mille francs..... Pour mieux assurer
à cette dame le privilège de cette nouvelle manufacture, Colbert
lui fit délivrer des lettres patentes du roi en 1675 ; puis, afin de
donner à l'existence de cet établissement une plus grande garan-
tie, il fit signer, en 1684, une ordonnance qui prohiba les dentelles de Venise, de Gênes, de Flandre et d'Angleterre » (1).

(1) *Académie de l'Industrie agricole, manufacturière et commerciale. Rapport
fait au Comité des manufactures sur la fabrication du Point d'Alençon de M. Doca-
gne*, par Odolant Desnos, secrétaire de ce Comité. Paris, Guiraudet et Jouaust
(s. d.), in-4°, 4 p. — Un extrait de ce Rapport a été reproduit dans la Statistique des
cantons d'Alençon Est et Ouest, insérée dans l'*Annuaire de l'Orne* de 1843 (p.
503-508).

Cette dernière version a été reproduite par toutes les monographies relatives à la dentelle, par M. Félix Aubry dans son excellent mémoire sur les *Dentelles, blondes, tulles et broderies*, qui fait partie des Rapports sur l'Exposition universelle de 1851 (t. v); par Mme Bury Palliser, dans son *Histoire de la dentelle*, publiée à Londres en 1865 et traduite par Mme de Clermont-Tonnerre en 1869; enfin tout récemment encore, et avec des embellissements inouïs, par l'auteur de l'article *Dentelliers, Dentellières*, publié par le *Magasin pittoresque* (Septembre 1881). Il faut citer :

« Les débuts de cette grande industrie avaient été plus que modestes. Colbert avait choisi, en 1665, une dame Gilbert d'Alençon, longtemps exercée à la fabrication italienne ; il l'avait installée dans une petite demeure seigneuriale (1) à tourelles, le château de Lonray dans l'Orne, après lui avoir avancé 50,000 livres et lui avoir fourni des ouvrières vénitiennes. L'entreprise réussit au-delà des espérances. *Le roi vint visiter la fabrique*, admira, fit admirer, força la main... Colbert n'avait pas laissé que de rencontrer de sérieuses difficultés, sans compter les ruses et le méchant vouloir des commerçants étrangers. La fabrique de Lonray avait eu à subir une sorte de siège des anciennes dentellières du pays... Mais le ministre avait tout prévu » etc.

Evidemment le savant auteur des *Mémoires historiques sur Alençon*, ne peut être rendu responsable des amplifications successives dont son récit a été l'objet, mais il n'en est pas moins certain que les renseignements qu'il donne sur l'établissement de la manufacture de Point d'Alençon sont loin de porter le caractère de l'authenticité. On est forcé de reconnaître que cet historien, justement estimé, a été induit en erreur sur plusieurs points par les personnes qui lui ont fourni des renseignements, fondés sur des traditions plus ou moins vagues et dont il n'a pas vérifié l'exactitude. C'est ainsi, par exemple qu'il a reculé, de dix ans et fixé à 1675, la date de l'établissement de la manufacture de Point à Alençon, tandis que les lettres patentes de Louis XIV sont du 5 août 1665 (2). Son récit ne peut donc être accepté que

(1) « La largeur des ossés, l'étendue des terrains qu'ils entourent, sont une preuve de l'importance de Lonrai au moyen âge, le nombre et la valeur des dépendances étaient en rapport avec la magnificence des bâtiments. » (*Orne. Archéologique et pittoresque*, p. 60).

(2) L'exemplaire des *Mémoires historiques* d'Odolant Desnos, contenant les corrections et additions manuscrites de l'auteur, possédé par M. de La Sicotière, ne renferme aucune note au sujet du paragraphe relatif à la dentelle.

sous bénéfice d'inventaire. L'installation par Colbert, en son château de Lonrai, d'une école de dentellières, imaginée par Joseph Odolant Desnos, son petit-fils, a formé le couronnement de cette légende, au moyen d'un anachronisme que l'auteur des *Mémoires historiques sur Alençon*, était incapable de commettre.

Pour reconnaître la fausseté de cette invention, il suffit de constater que de 1648 à 1680, le fief de Lonrai et ses dépendances, érigé en marquisat en 1644, en faveur de Charles de Goyon, sire de Matignon, maréchal de France, fut possédé par son fils, Léonor Ier de Matignon, marquis de Lonrai, baron de Saint-Cénéri et Gacé, évêque et comte de Lisieux, abbé de Lessai et de Notre-Dame de Torigni, qui reçut en cette qualité les aveux des vassaux de cette seigneurie. Ce dernier, ayant résigné son évêché, en 1677, en faveur de son neveu Léonor II de Matignon, résida fréquemment au château de Lonrai (1), mais mourut à Paris, rue de Tournon, hôtel d'Entragues, le 14 février 1680. Le 12, il avait dicté son testament. Par son codicile, en date du 14, il avait légué à Christophle le Neveu, archidiacre de Lisieux, « pour marque de l'amitié qu'il avait toujours eue pour lui, une *Bible* en trois volumes qu'il avait eue de Philippe Cospéau (2), » évêque de Lisieux, son prédécesseur, et qu'il conservait au château de Lonrai. Il lui avait donné en outre, une *Concordance de la Bible* et son portrait, resté au palais épiscopal de Lisieux. Par son testa-

(1) L'arrivée de l'évêque de Lisieux, au château de Lonrai, au mois de mai 1675, fut signalée par une rixe entre les musiciens qui s'étaient rangés sur son passage pour lui donner une aubade. C'est ce qui résulte de la plainte présentée le 24 mai par Pierre Matault, cordonnier et Girard Leturier, faiseur d'eau-de-vie, joueurs de violon, disant : « que ce jourd'huy matin, il se seroient transportés au logis de monsieur de Lisieux, à sa venue aux fins de jouer du violon, comme c'est l'ordre d'en jouer à l'arrivée des personnes de telle condition, avec les dénommés Gérémye Gohyer et le nommé la Perruche, carreleur, s'aidant de jouer de la basse, pour accompagner les suppliants, icelluy Gohyer, accompagné de sa femme ; lesquels après avoir esté hors la présence de mondit sieur de Lisieux, ils étaient allez accompagnés avec autres joueurs dudit instrument, qui sont les nommés Jauron et Anne, pour donner aussi des aubades au mattre d'hostel de mondit sieur, ledit Gohyer auroit sans aucun sujet ni dispute, pris et arraché la cravate du nommé la Chaussée, maistre de danse, qui étoit aussi de leur compagnie, et étant revenus en cette ville tous ensemble, ledit Gohyer, sa femme et ledit La Perruche se seroient jettés sur ledit Matault, l'auroient frappé de plusieurs coups de pied, de poin et de pierre. » *Archives de l'Orne*, série B.

(2) Philippe Cospéau, un des prélats les plus savants de son temps, était *mort* en 1646.

ment, il avait donné au président de Mesmes (1), son exécuteur testamentaire, deux tableaux qui faisaient partie de la galerie qu'il possédait à Lonrai : « l'un représentant une *Magdelaine*, du Dominiquain (2), l'autre une *Descente de Croix*, du Carrache (3). »

La maison, on le sait, était hospitalière aux arts (4). Dans l'inventaire du mobilier de Lonrai, fait le 1er avril 1680, on remarquait dans les appartements attenants à la chambre à coucher du prélat :

« Une petite tapisserye de cuir doré.

« Un clavecin, peint à l'indienne, avec son soubassement.

« Dix-neuf tableaux, tant grands que petits, avec leurs cadres dorez, dont il y en a deux dans des bouestes : le premier desquels représente une *Descente de Croix*, du Carrache ; le second une *Magdelaine*, du Dominiquain, communyée par des anges ; le troisième, une *Teste de Crist*, du Corrége (5) ; le quatrième, une *Résurrection*, du Carrache ; le cinquième représentant *Nostre Seigneur dans le jardin des Olives*, de Pol Véronnaise (6) ; le sixième représentant un *Enfant couché avec un vieillard*, et deux autres figures, de Laurent Seaulotz (7) ; le septième, représentant *Nostre Seigneur parlant au peuple*, par Bourdon (8) :

(1) Jacques de Mesmes, chevalier, comte d'Avaux, seigneur de Cramages autres lieux, conseiller du roi en ses conseils, commandeur de ses ordres et président de son parlement, demeurant à Paris, rue Sainte-Avoye, paroisse de Saint-Nicolas-des-Champs.

(2) Dominique Zampieri, dit le Dominiquin, peintre de l'école Bolonaise, élève de Carrache, mort en 1641.

(3) Les Carrache sont une des gloires de l'école de Bologne, La *Descente de Croix* est citée parmi les ouvrages de Louis Carrache.

(4) En 1527, Aimée de La Fayette, veuve de François de Silli, mort au siège de Pavie, lui avait fait élever dans l'église de Lonrai, un superbe tombeau en gypse et en marbre (L. de La Sicotière et Poulet-Malassis, le *Département de l'Orne*; *Archéologique et pittoresque*, p. 59). — Les tapisseries du château de Lonrai étaient autrefois en grand renom à Alençon, où l'on s'en servait pour décorer l'église Notre-Dame, aux processions de la Fête-Dieu et autres grandes fêtes de l'année. Dans le compte du Trésor de l'église Notre-Dame, de l'année 1600, on trouve l'article suivant : Payé « à Robert Enjubault, la somme de 30 sous tournois, pour avoir, par lui, mené et ramené du lieu de Longray en l'église dudit Alençon, les tapisseries pour fournir à ladite église, par sa quictance rendue le XVe de mai 1600. »

(5) Ant. Allegri, dit Corrége, fondateur de l'école Lombarde, mort en 1534.

(6) Paul Calari, dit Véronèse, célèbre peintre, né à Vérone, mort en 1588.

(7) Lorenzo Lotto, élève de Giorgione, mort en 1560.

(8) Sébastien Bourdon, peintre de l'école Française, mort en 1671.

le huitième, un *Moïse, marchant sur la couronne de Faraon*, qui est une copie du Poussin (1) ; le neufvième, l'histoire d'*Adonis*, de l'Albasne (2) ; le dixième, représentant une *Vierge avec son petit enfant, saint Joseph et autres figures*, du Partmezan (3) ; le onzième, une *Magdelaine*, de mignature, du père Anthony (4), capucin ; le douzième, un *Paisage*, de Pol Brille (5); le treizième, un autre *Paisage*, de Pol Brille; le quatorzième, un autre *Paisage*, de Pol Brille ; le quinzième, un autre *Paisage*, de Pol Brille ; le seizième, un autre *Paisage*, de Bourzon ; le dix-sept, un autre *Paisage*, de Bourzon ; le dix-huit, un autre *Paisage*, de Bourzon ; et le dix-neuf, un autre *Paisage*, de Corneille.

« Une quesse de bois dans laquelle il y a quatorze grands livres : l'*Anathomie des animaux*, l'*Anathomie des plantes*, les *Comédies de Molière*, les *Carrousels du Roy*, l'*Histoire des tapisseryes et cabinet du Roy*, *Description de la grotte de Versailles*, la *Fable d'Esope*, la *Bible*, tous reliés en veau.

« Un cabinet de lapis, à fleurs de mignature, avec son soubassement à colonnes torses.

« Une table d'albastre, à fleurs, avec un pied de bois à vernis noir.

Dans la chambre occupée par le secrétaire de l'ancien évêque de Lisieux, on remarquait :

« Dix-huit fonds de chaises de tapisserye de rose, à point carré, avec treize dossiers et six bras de pareille tapisserye.

« Item, un grand morceau de pareille tapisserye, d'environ deux aulnes de long, avec deux autres morceaux de mesme tapisserye d'un aulne chacun

« Item, quatorze fonds et quatorze dossiers de tapisserye de Point d'Angleterre, pour garnitures de chaises.

« Trois pentes et deux bonnes grâces d'un lict, de velours bleu, avecq des flammes et des figures en broderye.

(1) Nicolas Poussin, né aux Andelis en 1594, mort à Rome en 1605. — On cite son *Moïse enfant et Pharaon*.

(2) F. Albani, peintre de l'école Bolonaise, surnommé l'Anacréon de la peinture, auteur d'*Adonis aux pieds de Vénus endormie* et de *Vénus et Adonis*.

(3) F. Mazuola, dit le Parmesan, élève du Corrége, a peint la *Sainte-Famille*, la *Vierge et l'Enfant Jésus*.

(4) Probablement P. Antonio, peintre espagnol, né à Cordoue, vers 1614.

(5) Paul Bril, peintre Flamand, né à Anvers, en 1556.

« Un morceau de toile cannevat, sur lequel il y a six rangs de campagne (1) à fleurs, de soye plate. »

S'il ne fournit pas la preuve que l'on fabriquât de la dentelle au château de Lonrai, cet inventaire atteste du moins que le Point d'Angleterre et probablement aussi le Point d'Alençon n'y faisaient pas défaut.

Léonor de Matignon étant mort le 14 février 1680, le jour même où il avait dicté le codicile de son testament, Henri de Matignon, son neveu et principal héritier écrivit aussitôt à Alençon pour faire apposer les scellés au château de Lonrai.

Cette opération eut lieu le 16 février, par les soins d'Anthoine de Boullemer, sieur de Thiville, lieutenant général au bailliage, et de Pierre le Hayer, sieur du Perron, procureur du roi, en présence de Pierre Chevalier, sieur d'Aigeusaulle, trésorier général de France au Bureau des finances de la généralité d'Alençon et du sieur Nicolas Séguret. Les portes du château et celles des appartements leur furent ouvertes par Henri Daniel, concierge depuis sept ans à Lonrai et par Jean-Baptiste Jugez, sieur des Essarts, secrétaire de l'ancien évêque.

Henri de Matignon ne jouit pas longtemps de la terre de Lonrai. Dans l'aveu et dénombrement qu'il fit faire en juillet et septembre 1682, on lui donne les titres de marquis de Lonrai, comte de Thorigni, baron de St-Cénéri-le-Gérei, gouverneur de Saint-Lô et de Cherbourg, lieutenant général pour sa Majesté en Normandie. Il mourut à Caen, le 28 décembre 1682.

Le marquisat de Lonrai devint alors la propriété de Catherine-Thérèse de Matignon, sa fille puînée. Celle-ci avait épousé le 6 septembre 1679, Jean-Baptiste Colbert, marquis de Seignelai, ministre d'État, surintendant de la marine, fils du grand Colbert. Des aveux leur furent rendus en qualité de marquis et de marquise de Lonrai en 1684.

Il n'est donc pas possible qu'une école de dentellières ait été établie par Colbert (mort en 1683), au château de Lonrai devenu la propriété de son fils en 1683 seulement. Il ne serait pas absolument invraisemblable cependant, qu'on y eût fabriqué de la dentelle, non pas sous le titre de manufacture royale, mais au

---

(1) La *campane* était une dentelle blanche, étroite, légère et fine en fil de lin, destinée à élargir les autres dentelles, elle servait à garnir les manches, les bonnets, etc.

contraire d'une manière clandestine et en contrevenant aux ordonnances qui assuraient le monopole exclusif de la fabrication à la société formée sous le patronage de Colbert.

Il paraît en effet qu'en 1667, Jean Thomas (1), sieur du Mesnil, officier de Léonor de Matignon, évêque de Lisieux, fut condamné par jugement de l'intendant d'Alençon, à une amende de 500 liv. « pour contraventions et fraudes faites par sa femme, au préjudice de la manufacture. » Le 14 janvier 1667, Jean Thomas s'obligea à payer cette somme à Jacques Provost, directeur de la manufacture royale de Point de fil de France (2).

Mais il est impossible de fermer les yeux à l'évidence et cette coïncidence fortuite, que Joseph Odolant Desnos n'a pas connue, ne saurait être invoquée comme une circonstance atténuante de l'erreur grossière qu'il a commise en représentant le château de Lonrai comme le berceau du Point d'Alençon.

II

S'il n'est pas bien difficile de démontrer la fausseté des légendes qui ont eu cours sur les origines du Point d'Alençon, on éprouve plus de difficultés lorsqu'on essaie de substituer des notions certaines et positives à ces récits apocryphes ou fondés seulement sur la tradition. Je n'ai pas la prétention de dire le dernier mot sur cette question intéressante à plus d'un titre. Je me flatte seulement que la voie que j'ai indiquée pourra servir à retrouver cette histoire.

Nous ne possédons malheureusement que peu de renseignements sur l'état de l'industrie à Alençon avant le XVIIe siècle. On sait cependant que le commerce y avait une certaine importance au moyen âge. (3). Il y avait pour principaux agents les

(1) Cette famille Thomas figure effectivement dans l'inventaire des titres de Lonrai (Arch. Orne, série E, Marquisat de Lonrai).
(2) Tabellionnage d'Alençon.
(3) Dans les « Baux faiz en la ville et chastellenie d'Alençon, pour l'an commençant le IXe jour d'avril l'an mil CCCLXIX, on trouve les articles suivants :
« Les bestes à IIII piez, par Collin le Roy, à VIIc l.
La tenerie, par Jehan Passais, à IIc l.
Le pain et le blé, par Guillaume Pornée, à IIIc IIIxx l.
La draperie et les toiles, par Robert Guillemet, à IIIIc l.
La boucherie et poissonnerie par Jehan Giro, à XIIxx l.
La mercerie, par Guillaume Pacy, à L l.
La pelleterie, par Jehan de Redon, à LIIII. l.
La ferronnerie, par Guillaume Pornée, à LIIII. l.
La quincaillerie, par Philipot Leconte, à IIIIxx X. l.
Le XIIIe des boires, par Jehan de Ciral, à VIIe l.
Les paroisses de la chastellenie d'Alençon, par Jehan Crestien, à IIc IIIIxx l.

juifs (1), cantonnés dans la rue de la Juiverie, où ils possédaient même, dit-on, une synagogue, et les Lombards, qui ont également laissé leur nom à une rue d'Alençon. (2).

Il n'est pas douteux que les comtes et ducs d'Alençon, dont plusieurs avaient un goût prononcé pour le luxe (3), durent donner à l'industrie et aux arts somptuaires une certaine impulsion.

(1) Lorsqu'il avait reçu en apanage les comtés d'Alençon et du Perche, en 1268, Pierre Ier, fils de saint Louis, en avait banni les juifs. Cependant en 1282, il se plaignait de ce que les gens du roi prétendaient lever la taille sur les juifs de ses domaines. La cause appelée au Parlement de Paris, il fut statué que les juifs établis sur les comtés d'Alençon et du Perche à l'époque ou Pierre Ier avait reçu ces terres en apanage, devaient être considérés comme ses sujets, mais que ceux qui y étaient venus depuis ou qui à l'avenir viendraient s'y fixer, appartiendraient au roi. (*Cartulaire normand* n° 983 — *Olim*, t. II, p, 195). — En 1296, Charles Ier, comte d'Alençon, fit un accord avec Philippe le Bel, par lequel il fut arrêté qu'ils auraient suite sur leurs juifs se retirant des terres de l'un pour venir demeurer sur les terres de l'autre (Bry de la Clergerie, *Hist. des pays et comté du Perche et duché d'Alençon*, p. 273). — Brussel (*Usage général des fiefs*, t. I. p. 604) rapporte que Charles Ier vendit au roi son frère, tous les juifs de ses terres, pour une somme de 20,000 livres de petits tournois (Odolant Desnos, t. II, p. 406).

(2) La qualification de *Lombard* est encore usitée à Alençon, dans le sens d'homme rusé et dangereux ou se livrant à un commerce interlope, à une industrie inavouable.

(3) Charles Ier, comte d'Alençon, par son testament du lundi avant Noël 1320, légua à Madame de Châtillon, sa femme, un rubis et la *chapelle blanche*, dont le roi Louis lui avait fait présent ; à son fils aîné le plus beau de ses rubis ; à sa belle-fille de Bourgogne, la plus belle de ses émeraudes, etc.

Le comte Charles III « mena si grande et large despense en son hostel et ailleurs où il estoit, qu'en son temps n'oust seigneur en France mieux ni si bien recommandé de largesse. » On trouve dans Du Cange, au mot *Militia* le détail des dépenses considérables faites pour ses habits, tentures d'appartements et livrées, lorsqu'il fut fait chevalier par le roi Jean, en 1350.

Par son testament du 8 Juin 1391, le comte Louis, donna à Pierre II, comte d'Alençon son frère, « son meilleur *annel*, avec une *chapelle à papegaud*, aux armes de ses père et mère, et le *tapis* appelé la *Tour de sapience*, avec des couteaux d'aloès, garnis d'or. » Il légua au comte du Perche, son neveu, « son saphir d'Evreux, avec une ceinture d'or ; à Jeanne d'Alençon, ses heures à fermoirs d'or, un miroir d'or et un diamant ; à Mme d'Harcourt, son autre nièce, une ceinture que Mme d'Orléans lui avait donnée, un couteau et une fourchette à manches d'or ; à Catherine d'Alençon, son reliquaires d'or, garni de *camaïeus*, *balais* et perles ; à Marguerite d'Alençon, un autre reliquaire garni de pierreries. »

Le duc Jean II, obligé de payer au duc de Bedfort 200,000 salus d'or pour sa rançon, après la bataille de Vernenil, vendit « très grand nombre de très nobles joyaux d'or, d'argent et de pierres précieuses mises en plusieurs et diverses espèces d'ouvrages ; et avec ce lui furent baillés de très-nobles et riches chambres et autres paremens, lesquels paremens et joyaux avoient esté aux prédécesseurs de l'hostel d'Alençon. » Au tournoi de Saumur, en 1446, le duc d'Alençon, parut armé de toutes armes, vêtu de rouge, semé de papillons d'or, le cercle d'or, le volet de couleur azur, semé de fleurs de lis d'or. Il portait pour cimier une double fleur de lis d'or et était monté sur un grand et superbe coursier, houssé d'un riche drap d'or

Mais puisqu'il s'agit ici d'une industrie féminine, il ne faut pas oublier qu'une part d'initiative revient nécessairement aux duchesses d'Alençon dans le développement que prit alors chez nous, l'art de la broderie, de la guipure, des passements (1).

violet, à un large bord d'hermine, ayant un riche chamfrein et une manteline dessus le harnois, de pareil drap que la houssure. Il était suivi de six pages et d'autant de courriers houssés, les trois premiers de velours violet tanné, chargé d'orfèvrerie blanche, les trois autres de damas, aux mêmes couleurs ; les courriers vêtus de même. Les francs-archers du bailliage d'Alençon que le duc Jean II envoya à Paris, le 28 août 1465, pendant la guerre du Bien public, sous la conduite d'un capitaine nommé le Barbier, étoient vêtus de jaquettes brodées portant les mots *Audi partem*. Le duc Jean II, qu'on appelait le *beau duc* et dont la libéralité dégénéra souvent en profusion, avait une chapelle de vingt-quatre musiciens, tous vêtus d'une même parure. (Odolant Desnos, t. 1, p. 366, 394, 448; II, 69, 83, 131, 162. — Bry de la Clergerie, p. 287, 304, 318, 320, 324.

(1) En 1414, Marie d'Espagne, veuve de Jean Ier, comte d'Alençon donna à l'église de Saint-Germain d'Argentan, « des houppelandes de drap de soie destinées à estre converties en ornements d'autel. » (L'abbé Laurent, *Histoire de Marguerite de Lorraine*, p. 197). En 1492, Marguerite de Lorraine qui épousa en 1488, René, duc d'Alençon, fit don à l'église de Saint-Léonard d'Alençon, du manteau en broderie à fond d'or, qu'elle portait le jour de son mariage, « où estoit attaché une agraffe de très grand prix ». Elle donna à la même église plusieurs ornements dont trois portant des écussons aux armes du duc René, mort en 1492. (Lorphelin-Chanfailly, *l'Antiquaire d'Alençon*, publié par M. L. de La Sicotière, *Annuaire de l'Orne* 1868). — La même princesse donna à l'église de Chailloué « une chapelle d'ornements d'autel de velours violet, enrichi de *passements* d'or ». (L'abbé Laurent, *ibid*, p. 110). — Elle avait également donné à la chapelle Saint-Joseph-du-Parc-d'Alençon « un calice d'argent, une chasuble, aube, amict, fanon, estolle, nappes, corporalier, » etc. (*Ibid*). p. 71).

Dans le mobilier des châteaux des environs d'Alençon, se trouve fréquemment la mention de broderies d'or. L'*Inventaire du château de Chailloué* (1416), publié par M. de Beaurepaire, (1866, in-8°), contient l'article suivant : « Une robe sengle d'escarlatte vermoille, brodée de fils d'or au collet ». — La chasuble du XVe siècle, richement ornée de broderies, qu'on voit au château de Carrouges, a été reproduite dans l'*Orne archéologique et pittoresque*, p. 33.

Comme spécimen de ce que les ouvrières d'Alençon pouvaient exécuter au commencement du XVIe siècle, on peut citer les articles suivants des comptes du Trésor de l'église Notre-Dame d'Alençon, de 1506 à 1568 : « à Macée la Maillarde, pour la façon de quatre chasubles fournies d'estolles et fennons, une autre estolle et trois fennons, avoir réparé la chappe de velours pers, les chasubles et tuniques de velours cramoisi vieil, les chappes et tuniques de camelot noir, avoir rementé certaines aulbes et amicts et les touailles des reliques et fait plusieurs autres réparations, 38 sous 4 deniers..... Pour avoir fait le parement du drap d'or pour le grand autel, 2 sous 6 deniers » (compte de 1506-1508). — Payé « à Anne Sesarde pour la fason de trois surplis et amis et la fason d'un parement qui se mect devant le grant ostel, au bas de ycelui ostel, pour ce 12 sous 6 deniers » (Compte de 1514 à 1516). — Item le dimanche XVIIIe jour dudit mois (juillet 1558), damoiselle Katherine Laignon, veufve de deffunct Me Jehan Moynet, sieur de Neaulphe, a envoyé par Me Leonard Heurtault, prebstre, et donné aud. Trésor ung parement de satin violet, paré de velours jaulne, pour l'image de la Vierge Marie et de son enfant. ». (*Arch. Orne*, série G., comptes du Trésor N.-D. d'Alençon).

Marguerite de France, *la Marguerite des Marguerites*, sœur de François Ier, veuve de Charles IV, duc d'Alençon, remariée à Henri d'Albret, roi de Navarre, tout en devisant avec ses dames d'honneur, avec la dame de Lonrai, Aimée de la Fayette, avec la demoiselle de Saint-Pater, tout en improvisant ses contes, ses poésies, se plaisait à exécuter des ouvrages à l'aiguille et particulièrement de la dentelle ou broderie d'or et d'argent. Elle y passait tous les jours quelques heures, l'après-midi, et elle continua à se livrer à ces travaux jusqu'à l'année même de sa mort (1549), où l'on voit figurer, dans son *Livre de dépenses*, « 3 marcs d'or et d'argent pour servir aux ouvrages de ladite dame (1) ». Au reste, on sait que la broderie et les ouvrages à l'aiguille étaient alors dans les châteaux comme dans les maisons des riches bourgeois, la principale occupation des jeunes filles. Dans les couvents de femmes, même les plus austères, les ouvrages à l'aiguille étaient en honneur. On en trouve la preuve dans un livre de dépenses de l'abbaye de Sainte-Claire d'Argentan, remontant à 1546, environ (2).

Mais pour que ce travail domestique prît le caractère d'une production lucrative, susceptible d'échange ou de vente, il était nécessaire qu'il sortît du cercle étroit dans lequel il était renfermé ; il fallait que, comme toutes les industries, il acceptât les conditions du travail collectif et que la théorie, aidée de l'art du dessin éclairât ses procédés. Suivant une opinion généralement admise, ce serait l'Italie qui nous aurait fourni les premiers modèles d'ouvrages de broderies et de dentelles, ayant un caractère vraiment artistique. Cependant il faut observer que le premier

---

(1) Comte Hector de la Ferrière-Percy, *Marguerite d'Angoulême, son livre de dépenses.* — L. de La Sicotière, *Discours d'ouverture de la séance annuelle de la Société des antiquaires de Normandie,* 1843 (p. XXXV).

(2) « De la bourse de miséricorde, à des sœurs, pour advoir des lassetz, équilles et autres petites choses IIII s. III d. — Pour advoir des soyes et toutes choses qu'il faut pour faire des ouvraiges, pour ceulx qu'il a fallu faire pour la communité, XV s. ». (*Arch. de l'Orne,* série H. abbaye de Sainte-Claire d'Argentan).

Il est à remarquer que la règle de saint Césaire interdisait aux moines la tapisserie, la broderie, etc : *Plumaria et acupictura et omne polymitum nunquam in monasterio fiant.* (Regula ad monachos, cap. 42).

Eudes Rigaud se crut obligé de défendre aux religieuses de plusieurs monastères de son diocèse de se livrer aux ouvrages de broderie comme trop mondains (Viollet-le-Duc, *Dictionnaire du mobilier français*). — « Ann. 1262, XI kl Februarii; visitavimus prioratum monialium s. Sydonii. Inhibuimus omnibus ne operarentur de serico nisi ea que ad ecclesiam pertineant. » (*Registre des visites* d'Eudes Rigaud, p. 451).

ouvrage connu sur « l'art de la broderie, froussures, tapisseries, comme aultres metiers qu'on fait à l'esguille, » a été imprimé à Cologne et en français, en 1527. Il faut remarquer encore que dans la Bibliographie de la dentelle, après l'Italie, c'est la France qui tient le premier rang, et que Jean Cousin, surnommé le Michel-Ange français, n'a pas dédaigné de faire les patrons du *Livre de lingerie, enseignant le noble et gentil art de l'esguille, pour besongner en tous points, enrichi de plusieurs excellents patrons tant du point coupé* (1), *raiseau, que passement*, de l'invention de Jean Cousin, peintre à Paris (Paris, 1584). L'ouvrage même de Vinciolo, le plus complet de tous ceux qui aient été faits sur le point coupé et sur le lacis, au XVIe siècle, fut publié en français, en 1585 et dédié à la reine, femme de Henri III.

On sait que c'est sous le nom de passement qu'étaient généralement désignées autrefois les dentelles lesquelles, dans l'origine, n'étaient autre chose qu'un réseau plus ou moins serré, plus ou moins grossier, fait au moyen de fils de lin, de laine ou de soie mélangés quelquefois d'or et d'argent, passés et entrelacés les uns dans les autres (1). L'industrie des passements et celle de la passementerie proprement dite avaient entre elles une parenté tellement étroite que pendant longtemps elles se confondirent complètement, si l'on s'en rapporte aux définitions données par l'*Encyclopédie*: « Le passement qu'on nomme plus communément dentelle est un ouvrage d'or, d'argent, de soie ou de lin filé qui se fabrique en suivant les traits d'un dessin passé dessous l'ouvrage.

« Il n'y a aucune différence entre le passement pris en ce sens que dans les matières employées. Du reste les points sont les mêmes, s'exécutent et s'enchaînent également. Le passementier est un ouvrier et marchand qui fait et vend des passements ou dentelles. »

Dans la description des chefs d'œuvres des passementiers

---

(1) Le point coupé se trouve mentionné au XVIe siècle, par Malherbe dans une pièce dirigée contre les mignons de Henri III :

      Et toutefois leur entreprise
      Etoit le parfum d'un collet,
      Le point coupé d'une chemise
      Et la figure d'un ballet.

                            (Malherbe, t. I. p. 311).

d'Alençon en 1630, on voit en effet « la dentelle incarnat et blanche » associée à des passements de soie à la reine (1). Cette corporation paraît n'avoir été constituée en maîtrise qu'en 1619 (2), mais il est certain que l'industrie de la passementerie avait pris à Alençon depuis longtemps un grand développement (3). La Clergerie, dans son *Histoire des pays et comté du Perche et duché d'Alençon*, publiée en 1620, nous apprend qu'il se faisait alors à Alençon et aux environs « un grand trafic de toiles, bougrain, cannevas, de petits passements de laine en forme de soye, etc. » (4). La description des chefs-d'œuvre exécutés par les compagnons de ce corps de métier, pour être reçus maîtres, nous révèle l'habileté qu'avaient acquise les passementiers d'Alençon dès cette époque (5). L'importance de cette industrie ressort égale-

(1) Réception de Michel Chollière, en qualité de maître passementier. (11 février 1630).

(2) 13 décembre 1627. « S'est comparu en personne Isaac Seguret, demeurant en cette ville d'Alençon, lequel nous a dit et remonstré que de ça auparavant que le mestier de passementier fust estably à mestier juré en cette ville et qu'il y eust des régles et status, il avoit apris le dict mestier et avoit travaillé d'icelluy, comme tous ceux qui en travailloient alors faisoient, sans estre astrains à faire aulcune experience ny chef d'œuvre, et avoit continué jusques à présent, comme plusieurs autres maistres dudit mestier, ont faict et font encores. Mais parce que depuis sept à huit ans, ledit mestier a esté juré, auquel on a estably des règles et status et, des gardes pour les faire observer et qu'aucuns particuliers, par anymosité qu'ils portent audict Séguret le voulloient troubler en sa possesion et empescher qu'il continuast à travailler comme maistre. » etc.

(3) 13 février 1627. « Est comparu en personne Pierre Gattet, de ceste ville d'Alençon, lequel nous a dit qu'il y a quatorze ans qu'il travailloit audit mestier, dès longtemps qu'il fust juré et establi en ceste ville et qu'il y eust des règles et status. »

(4) La Clergerie oublie la draperie, déjà mentionnée dans le bail de 1369, cité ci-dessus. Les draps de Ris, de Vire, Teissé, Falaise, Argentan et Alençon, figurent à l'art. 3 du tarif arrêté au Conseil du roi, le 19 mars 1571. — En 1653, les drapiers d'Alençon étaient au nombre de soixante.

(5) Le 3 juillet 1627. Isaac Poullain, compagnon passementier d'Alençon, présenta comme chef-d'œuvre « un luysant doublé en lene, sçavoir est de vert et rouge fleurdelizé des deux costés. »

12 avril 1629 Réception de Guillaume de Saint-Denis : « Ung passement à la chesnette avec deux luisans à costé de la dicte chesnette et fleurdelizé des deux costés et coulleur roux et rouge cramoisy. »

22 mai 1629. Réception de Jehan Chardron, natif de Tours : « Un passement satiné avec deux M et deulx luysans aux costés. »

Le 6 septembre 1629. Ambroise Mariguer, compagnon tailleur, soumit à l'examen des gardes jurés son chef-d'œuvre consistant en « ung porpoint en forme de roupille, de coulleur grise, passementé de pasement à la passe laine. »

5 septembre 1629. Réception de Charles Pigor : « Un passement de oye, coulleur minime, à trois cordons, fleurdelizé de deux costés. »

ment du procès-verbal d'élection de deux gardes jurés, du 22 mars 1630 où l'on voit figurer quarante deux maîtres passementiers.

Mais quoi qu'elle eût des relations nombreuses avec la corporation des passementiers d'Alençon, avec celle des merciers de la même ville, dont les statuts furent confirmés par lettres patentes du mois d'août 1658, la fabrication des passements à l'aiguille, que l'on désignait ordinairement sous le nom de *Point*, n'en conserva pas moins chez nous, son individualité distincte; elle resta la plus lucrative des industries féminines, et le premier des arts domestiques. De bonne heure, même, chaque centre de fabrication imprima à ses produits un cachet particulier ; on eut ainsi le Point de Venise, le Point de Gênes, le Point d'Aurillac, le Point d'Alençon, etc.

III

Il est probable que le développement de la fabrication du Point d'Alençon marcha de pair avec celui de la passementerie propre-

22 octobre 1629. Réception de François Peryer : « Ung passement de soye noizette, à chesnettes. »

2 novembre 1629. Réception de Léonard Gattet : « Ung passement de soye incarnat et blanc, luysant et dentellé de deux costés. »

11 février 1630. Réception de Michel Chollière : « Ung passement de soye à la reyne, dentelle incarnat et blanc. »

28 février 1630. Réception de Toussaint Cochon : « Ung passement de layne et soye, fleurdelizé des deux costés. »

20 mars 1630. Réception de Jehan Ruel : « Ung passement de soye à chesnettes et luisans de deux costés, de coulleur rouge blanc et cittron. »

Les nombreux procès-verbaux dressés par les gardes et jurés, pour contraventions aux statuts et règles du métier, révèlent des détails curieux.

Le 9 août 1629, René Despierres, Jacques Tirault et François Biseul, maîtres et gardes jurés du métier de passementier, faisant la visite, par les maisons des maîtres passementiers, entendirent « travailler dudit mestier en une maison sise sur la rue de la Boxnette. »

Ils y virent Charles Pigor travaillant au métier de passementier, « sans estre maistre. » Le métier dont il se servait fut saisi « avec une pièce de passement de layne et soye, couleur rose seiche, façon de ratière. » (On appelle *ratière*, le métier de rubanier pour faire la gance). Jonas Bourdin, maître passementier, déclara que Pigor « estoit revenu de travailler parmy toutes les bonnes villes de ce royaume, n'estant encore maistre » et qu'il lui avait fourni le métier et les matières nécessaires pour faire des passements, « comme estant ledit Pigor, compagnon fort expérimenté. » Il s'en suivit une scène violente, à la suite de laquelle Bourdin fut condamné à 60 livres d'amende, dont moitié applicable à la corporation et moitié à la construction de la croix des pères Capucins.

Le 18 décembre 1630, procès-verbal de contravention fut dressé contre François Biseul, qui bien qu'il ne fût pas reçu maître, tenait en sa maison « des compagnons et ouvriers bataus. » On saisit chez lui « cinq quartiers et demi de passemens de laine dentellée, incarnat et blanc et l'autre partie tout blanc, avec trois ensoubles (ensouples) sur lesquelles il y a de la laine montée, la diote laine blanche et bleue et les autres blanche et incarnat. »

ment dite. On en trouve la preuve dans les inventaires des mobiliers de la première moitié du XVIIe siècle où l'on rencontre à chaque instant, le point coupé, les passements, les dentelles (1), le réseau (2).

On remarque fréquemment, à la même époque, dans les contrats de mariage des jeunes filles d'Alençon, la mention de gains ou de pécules que la future avait amassés « par son industrie, trafic et bon mesnage, à faire des ouvrages ». Il ne peut y avoir de doute sur la signification de cette expression « faire des ouvrages. » On appelait « ouvrages » les travaux à l'aiguille tels que dentelles, guipures, broderies (3). On peut citer comme exemple

(1) L'inventaire des meubles de Christophle de Loué, chevalier, sieur de la Grange et de Fyé et de Marie de Saint-Denis, son épouse, fait au mois de décembre 1635, mentionne au milieu d'un grand nombre d'objets précieux : « un peignoir de dentelle... un collet de dentelle de Flandre, une paire de manchettes de mesme... une robe de taffetas chamarée de dentelle, un autre cotillon chamarré de dentelle, un devant de satin découpé noir. »

Dans l'inventaire de Pierre Martel, écuyer, sieur des Chesnes, décédé le 28 mars 1637, on remarque : « une pièce de sarge tramière rouge, contenant trois aulnes et huit aulnes de dentelle de soye de pareille couleur. »

Dans les comptes du Trésor de l'église Notre-Dame-d'Alençon, de 1640 à 1643, figurent deux fournitures de « toiles et dentelles pour faire les surplis à M. le curé, comme le Trésor lui est redevable de quatre ans en quatre ans. » Ce surplis fut fait par Madeleine Tommeret d'Alençon.

Le mobilier de Sara Lecointe, veuve de Pierre le Barbier, écuyer, sieur de Vaucelles, élu en l'élection d'Alençon, morte à Paris en 1646, ainsi que son mari, renfermait un grand nombre d'effets d'habillement garnis de dentelles, et en outre environ douze aulnes de dentelle aux fuzeaux et plusieurs morceaux de divers façons, le tout de fil. » Leur maison était située rue Huguenote, aujourd'hui rue du Temple.

Jehan Lecointe, nommé trésorier général de France en la généralité d'Alençon en 1636 et décédé en 1649, laissa un mobilier remarquable par une profusion de dentelles, de passements, de points coupés, dont la provenance est soigneusement indiquée : « Une cravate de poinct de Gênes... un autre mouchoir de petit poinct de Gesnes fort pointu... Trois mouchoirs de passement de Flandre... Deux mouchoirs de petit passement du Havre... Deux toilettes, une de poinct coupé et l'autre de petit passement » etc.

(2) Le terme réseau ou reseul se rencontre fréquemment dans les anciens auteurs. « Les dames couvrent leur sein d'un réseul » dit Montaigne, III, 363. — Dans l'inventaire du mobilier de Nicolas Portier, vicaire de Cuissai en 1841, on remarque : « deux pièces de vieil raiseul » (Arch. Orne, série B. Bailliage d'Alençon).

(3) C'est ainsi que dans la Galerie du Palais, de Pierre Corneille, jouée en 1634, acte 1er, scène 6), les termes dentelle, passement, point coupé, sont employés concurremment avec le mot ouvrage.

Madame, montrez-nous quelques collets d'ouvrage
. . . .
Venez ici, mademoiselle,
J'ai de bellissime dentelle,
Des points coupés qui sont fort beaux.

le contrat de mariage passé le 28 mars 1633, entre Marthe Barbot, fille de Jean Barbot, procureur au siège présidial d'Alençon et Michel Mercier, chirurgien, qualifié dans des actes postérieurs sieur de la Perrière(1). Dans cet acte, il est dit que la future apporte la somme de 1,245 livres « qu'elle a gagnée et amassée par son industrie ». Nous verrons plus loin que Marthe Barbot, femme du sieur de la Perrière, s'est placée au premier rang parmi les habiles dentellières qui transformèrent la fabrication du Point d'Alençon, quelques années plus tard. Suzanne Barbot, sa sœur, lors de son mariage avec Paul Fenouilhet, marchand, demeurant à Paris, fils de Jehan Fenouilhet, marchand, de la ville de Nîmes (28 Août 1661), possédait en propre « en espèces, argent et obligations, la valeur de six mille livres tournoys, qui sont provenus de son travail et industrie à faire des ouvrages de poinct découpé et veslin qui sont de grand prix ».

Une autre catégorie de documents, les contrats de louage et d'apprentissage, nous fournissent des indications précieuses sur la fabrication de la dentelle elle-même. Les salaires variaient naturellement selon l'habileté de l'ouvrière, mais dans tous les contrats de louage et d'apprentissage, il est dit que la jeune fille sera logée, nourrie, entretenue et fournie de fil et aiguilles, par la maîtresse dentellière.

Quelquefois les parents de l'apprentie avaient à payer une certaine somme pouvant s'élever jusqu'à 25 livres (2). On trouve aussi des contrats dans lesquels l'apprentie ne paye rien et reçoit

---

(1) Michel Mercier n'est pas qualifié du titre de sieur de la Perrière dans son contrat de mariage, mais seulement dans son acte de décès :

« Le samedy vingtneufiesme jour du mois (avril 1645) fut enterré le corps de Me Michel Mercier, chirurgien, sieur de la Perrière. » Le même titre est rappelé dans la quittance donnée le 17 février 1673, par Marthe Barbot, « veuve de Michel Mercier, sieur de la Perrière » à Paul Fenouilhet, son beau-frère, de ce qui lui revenait en la succession de feue Suzanne Barbot, sa sœur.

Cette famille Mercier paraît avoir tiré son origine des environs de la Ferrière-Béchet. Près de là, dans la commune de Belfonds, on remarque le hameau de la Perrière, d'où plusieurs familles ont pris le surnom de sieur de la Perrière, notamment les Mercier, les Ledrel, de la Ferrière-Béchet, où l'on voit un lieu dit l'Être-Ledrel. En 1659, on trouve un acte de tutelle des petits enfants de Philippe de Mesange, écuyer, sieur de la Perrière, dont la famille avait alors de nombreux représentants aux environs, comme on le voit par la Recherche de la noblesse de la généralité d'Alençon, par Bernard de Marle, intendant, en 1666.

(2) 29 mai 1665. Marie Lieurain « ouvrière en veslin, » s'engagea à enseigner à Marguerite Onfray « à faire ledit ouvrage de veslin en toutes choses. » Le père de la demoiselle Onfray paya 25 livres pour une année d'apprentissage.

en outre une gratification (1). Dans certains cas enfin, un salaire
de 12 livres pour l'année est stipulé en faveur de l'apprentie (2).

Quant aux ouvrières ordinaires, elles pouvaient gagner de 24
à 42 livres par an, outre le logement, l'entretien et la nourriture (3). Mais les dentellières habiles, capables d'exécuter un ouvrage entier, gagnaient quelquefois jusqu'à 8 sous par jour en se
louant à des particuliers qui les employaient à l'année, ou douze
sous non compris le logement et la nourriture (4).

On trouve même des contrats de louage qui prouvent que, par
exception, des hommes pouvaient être employés soit comme
dessinateurs, soit comme traceurs, aux ouvrages de dentelle ou
de broderie (5). Isaac Renard entre ainsi en qualité d'ouvrier le
25 avril 1665, chez Thomas Birée, marchand, et promet travailler
pour lui « à faire ouvrages de veslain, en ce qu'il peult scavoir,

(1) 25 août 1665. Marguerite Du Post s'engage envers Nicolas Lemaître, demeurant au Mans, » à montrer, enseigner et aprendre à Thiennette Lemaistre, sa fille, à
faire ouvrages de veslain, en toutes choses, sans lui en rien celer. » La fille tra-
vaillera à faire ledit ouvrage, bien et fidèlement pour le compte de ladite Du Bost,
qui lui donnera un cotillon de sarge d'Alençon.

(2) 25 avril 1665. Julienne Roussel prend comme apprentie Denise Mercier, de la
paroisse de Saint-Nicolas-des-Bois, et la paye 12 livres pour son année.

(3) 1er août 1665. Marthe Houssemaine, s'engage à travailler pour Marie
Dodré, pour la somme de 42 livres par an.
13 août 1665. Anne Gilbert, « ouvrière en veslin, » s'engage à travailler pour le
compte de Renée du Valframbert, pendant un an, pour la somme de 24 livres et
une paire de souliers neufs à la Toussaint.

(4) 23 juillet 1665. Barbe Bayel s'engage à travailler aux ouvrages de vélin pour
le compte de Renée Courtin, qui la paye 8 sous par jour de travail.
13 septembre 1665. Jeanne Du Noier s'oblige envers Pierre Sevestre, pâtissier,
« à aller tous les jours en sa maison, travailler pour lui, à faire ouvrages de veslain
pendant le temps d'un an, sans que le ledit Sevestre, soit obligé de fournir d'aucuns
vivres, à raison de 12 sous par jour de travail, sans comprendre les fêtes et dimanches que ladite fille se réserve. »

(5) On voit, en 1679, Jean Blondeau « faiseur d'ouvrages de point de France, âgé
de 30 ans, demeurant au faubourg de la Barre, » témoin dans une rixe entre des
joueurs de boule, dans le jardin d'un cabaret de Condé-sur-Sarthe.
On peut citer encore en 1665, Nicolas Lelevel, brodeur, demeurant à Alençon,
âgé de 57 ans, témoin dans un procès pour coups donnés par un père à des enfants
qui avaient battu et garotté le sien. (Arch. Orne, série B).
« Il y a bien, dans tous les centres de fabrication, quelques hommes qui font
de la dentelle ; mais le nombre en est si restreint que ce n'est qu'une exception.
En Saxe, au contraire, les jeunes garçons y sont occupés en grand nombre ;
l'hiver, les hommes de tout âge y travaillent également. Il est à remarquer que la
dentelle des hommes est plus ferme, et d'une qualité supérieure à celle des femmes. »
(Dentelles, blondes, tulles etc. par Félix Aubry, Rapports sur l'exposition universelle
de 1851, t. v. p 60.

7

sans en pouvoir faire pour autre personne. A la charge, par ledit Birée de nourrir, loger, coucher, chauffer ledit Renard et lui fournir toutes choses nécessaires pour faire ledit ouvrage et lui fera blanchir son linge, et outre moyennant la somme de 73 livres tournois ».

Les ouvrières d'Alençon ne paraissent pas avoir eu à souffrir, comme celles du Puy (1), des chômages occasionnés par les édits prohibitifs (2), qui, de temps en temps interdisaient l'usage de la dentelle à certaines catégories de personnes, en réglaient la largeur, etc. En réalité ces prohibitions devaient plutôt avoir pour effet d'entretenir le mal auquel on voulait remédier, en donnant aux dentelles proscrites, l'attrait du fruit défendu (3). L'édit de 1660, par exemple, ne donna lieu à d'autre révolte qu'à une pièce moitié vers, moitié prose, qui fut publiée l'année suivante, sous le titre de *Révolte des Passemens* (4). Cette pièce est curieuse, par ce qu'elle nous fait connaître les noms des dentelles, alors en vogue. Le Point d'Alençon y tient dignement sa place. Il y est dit qu'un Point qu'on ne nomme pas ayant déclaré aux dentelles assemblées « qu'il trouveroit crédit de deux millions dans Paris et peut estre davantage, si on pouvoit voir quelque jour leur entier

(1) La publication d'une ordonnance qui défendait à toutes personnes de porter « aucune dentelle, tant de soie que de fil blanc, ensemble passemens, etc. » causa dans la ville du Puy, en 1640, une émotion extraordinaire. On prétend même que saint François Régis, alors au Puy, aurait cru devoir se rendre exprès à Toulouse pour engager les membres du Parlement, à faire rapporter cette ordonnance qui menaçait de causer la ruine du pays. On ajoute que sous l'inspiration du même saint, les jésuites, ses confrères, s'occupèrent avec succès, d'ouvrir de nouveau débouchés aux dentelles de l'Auvergne en Espagne et dans le Nouveau Monde. (Félix Aubry, *Dentelles, blondes, tulles*, p. 49, 50.

(2) Ces prohibitions étaient conformes aux idées politiques et économiques de l'époque qui attribuaient à l'Etat non seulement la réglementation de l'industrie, mais encore la censure des modes et celle des doctrines. Elles avaient surtout l'avantage de donner, au moins pour la forme, satisfaction aux moralistes alarmés des progrès du luxe. Parmi ces zélés censeurs, on peut citer le P. Eudes qui, dans un mémoire adressé à la reine mère en 1649 et dans un sermon célèbre, prêché à Saint-Germain-des-Prés, s'éleva fortement contre le luxe des toilettes. (V. G. Le Vavasseur. *Notice sur les trois frères Eudes*, Argentan, 1855, p. 17, 21.

(3) « Dire ainsi qu'il n'y aura que les princes qui mangent du turbot et qui puissent porter du velours et de la tresse d'or et l'interdire au peuple, qu'est-ce aultre chose que de mettre en crédit ces choses là, et faire croistre l'envie à chascun d'en user? » (Montaigne, *Essais*, liv. I, ch. XLIII).

(4) La *Révolte des Passemens*, publiée dans le *Recueil des pièces en prose, les plus agréables de ce temps*, Paris, Charles Sercy, 1661 et dédiée à Mlle de la Trousse, cousine de Mme de Sevigné, a été réimprimée en 1855 dans la Bibliothèque Elzévirienne (*Variétés historiques et littéraires*, t. I, p. 223, 257).

établissement, » le Point d'Alençon appuya fortement le projet de déclaration de guerre :

> « Là dessus le Poinct d'Alençon,
> Ayant bien appris sa leçon,
> Poinct qui sçavoit plus d'une langue,
> Fit une fort belle harangue,
> Remplie de tant de douceurs
> Qu'elle ravit, dit-on les cœurs. »

Cette simple citation suffirait à établir que dès le commencement du règne de Louis XIV et peut-être auparavant, le Point d'Alençon figurait parmi les dentelles les plus à la mode.

La comédie de *Zélinde* ou la *Véritable critique de l'Escole des femmes*, publiée en 1663 (1), nous apprend que le Point d'Alençon était alors tellement estimé qu'on le confondait même avec le véritable Point de Venise. La scène s'ouvre dans le magasin d'un marchand de dentelles de la rue Saint-Denis, nommé Argimont, où deux dames Lucile et Oriane, sont à choisir de la dentelle :

Scène Première.

ORIANE, LUCIE, ARGIMONT.

ARGIMONT

Si vous vouliez avoir un beau Point d'Alençon, je vous en vais moustrer un que l'on prendra pour un Point de Venise. Tenez !

ORIANE, après l'avoir regardé.

Le patron ne m'en plaist pas.

ARGIMONT.

Voulez-vous un Point d'Orillac ? (2).

ORIANE.

Montrez? Les gens de qualité en portent encor ; mais il faut qu'il soit bien clair.

(1) Zélinde, comédie, ou la Véritable Critique de l'Escole des femmes et la Critique de la Critique. A Paris, chez Guillaume de Luyne, libraire juré, au Palais, en la Gallerie des Merciers, à la Justice, MDCLXIII. — Cette pièce peu connue, publiée sans nom d'auteur et attribuée à Donneau de Visé, m'a été signalée par M. Gustave Le Vavasseur, auquel on doit une *Vie de Pierre Corneille*, pleine d'aperçus originaux sur l'état du théâtre au milieu du XVIIe siècle. M. Gustave Le Vavasseur a lui-même lu au Congrès de l'Association normande, tenu à Argentan en 1879, une communication très-intéressante sur le Point de France et fourni des extraits curieux de lettres de famille, insérés par M. le marquis de Chennevières dans ses *Notes d'un compilateur, pour servir à l'histoire du Point de France*.

(2) M. Félix Aubry fait remonter au commencement du XIVe siècle le Point d'Aurillac (*Dentelles, blondes, tulles*, etc. p. 18). Ce qui est certain, c'est qu'on y fabriquait de la *mignonette* (point clair), dentelle fine et claire en fil, qu'on appelait aussi *blonde de fil.* (*Ibid*). p. 9.

ARGIMONT, en le lui donnant.

Je crois que celuy-cy...

ORIANE.

Ah ! l'épouvantable dantelle ! elle serait capable de faire éva-
noüir ceux qui sçavent ce que c'est que de se bien mettre.

ARGIMONT.

Prenez donc un de ces Points de Venise, que je vous ay montrez d'abord.

ORIANE.

Je ne sçaurois me resoudre d'achepter une chose qui ne me
plaist point ; ce n'est pas que je ne les croye beaux : mais il y a
dans le dessein quelque chose qui me choque.

ARGIMONT.

Je suis bien fasché de n'avoir rien qui vous puisse accommoder,
et si je l'avois crû, je ne vous aurois pas donné la peine de monter
jusques à cette chambre.

ORIANE.

J'ai une si furieuse delicatesse pour les dantelles que je m'en
veux quelquefois mal à moi-mesme.

Mais la preuve positive que le Point d'Alençon, « Point qui
savait plus d'une langue, » était déjà très-perfectionné, se tire
d'un document officiel dont l'autorité est irrécusable. Un rapport,
adressé à Colbert le 16 septembre 1665, par Favier du Boullay (1),
intendant de la généralité d'Alençon, nous révèle que la fabrication
du point coupé ou vélin avait été complétement transformée, depuis peu d'années, par une dame de la Perrière, d'Alençon, qui
avait trouvé le moyen d'imiter dans la perfection les points de Venise.

La dame de la Perrière, veuve de Michel Mercier, sieur de la
Perrière, était déjà en 1633, comme on l'a vu, une habile ou-

(1) Jacques Favier, chevalier, seigneur du Boullay-Thierry, du Boullay-Mivoye,
Fonville, Ménil-Ponceaux, Serazereux et vicomte héréditaire de Nogent-le-Roi,
conseiller du roi en ses conseils, reçu maître des requêtes en 1636, fut nommé
intendant de la Justice, police et finances en la généralité d'Alençon en 1644, à la
place de Pierre Thiersault. Dans les *Portraits des membres du Parlement de Paris
et des Maîtres des requêtes vers le milieu du XVIIe siècle*, publiés par M. A. Duleau
dans la *Revue nobiliaire, héraldique et biographique* (t. I, 1862), se trouve un
article consacré à Favier du Boullay : « FAVIER. Habile homme, qui donne à la
« faveur et fait plaisir à bien des gens, pour la quantité d'arrests bons et méchants
« qu'il fait passer. » Il avait pour armes : De gueules, à trois concombres d'argent,
les queues en haut.

vrière, et sa sœur, Suzanne Barbot, en 1661, ne possédait pas moins de 6,000 livres gagnées « à faire des ouvrages de veslin de grand prix. » D'après le rapport de l'intendant, les ouvrages exécutés par la dame de la Perrière avaient atteint un degré de perfection telle « qu'ils ne devoient rien aux étrangers, » et qu'un simple collet de dentelles sorti de ses mains atteignait le prix de 1,500 à 2,000 livres.

L'intendant évaluait à 8,000 le nombre des ouvrières occupées à la dentelle à Alençon, Sées, Argentan, Falaise et aux environs. « Cela s'est coulé jusque dans Fresnay, Beaumont, Mamers et paroisses circonvoisines du pays du Mayne, dit l'intendant; de façon que je puis vous asseurer, Monseigneur, que c'est une manne et une vraie bénédiction du ciel qui s'est espandue sur tout ce pays, dans lequel les petits enfants mesmes de sept ans trouvent moyen de gaigner leur vie et les autres de nourrir leur père et mère et de faire entièrement subsister leur famille. Les vieillards y travaillent et y trouvent leur compte. Mais ce qui est considérable, est que dans toutes les paroisses, la taille ne se paye que par ce moyen, parce qu'aussitôt que l'ouvrage est faict, ils en trouvent le débit et sont paiez. »

Le classement des documents provenant du greffe du Tribunal d'Alençon a fait découvrir un dossier de procédure qui nous permet de pénétrer plus intimement encore dans les secrets de la fabrication. Comme aujourd'hui, la dentelle se faisait alors par morceaux détachés, exécutés par des maîtresses dentellières ayant des apprenties travaillant chez elles et des ouvrières en ville (1).

(1) Une information du 8 juillet 1660 nous apprend qu'à l'époque de la Saint-Jean, les deux filles de la femme de Jacques Judel, drapier, étaient dans sa maison, située sur les fossés de Lancrel, occupées à faire du velin avec une autre compagne, Perrine Baudore, tandis que leur mère se tenait assise devant la porte. Ces jeunes filles, tout en travaillant, se mirent à chanter la chanson des *Tricotins*. La femme Foucher qui passait par là les ayant entendues en fut grandement scandalisée. Interpellant ces jeunes filles, elle leur dit « qu'il n'y avait que des p., gueuses et chiennes qui chantoyent de telles chansons. » Elle ajouta que « soubs ombre qu'elles avoyent fait emplir leur casot, usant des mêmes termes, chantoyent et se moquaient des autres. »

Les *Tricotins* étaient évidemment un air à danser, un branle. On appelait *Tricotets* une ancienne danse très-vive, ainsi nommée, dit La Monnoye (*Glossaire des Noels*), « parce que le mouvement du pied y est aussi prompt que l'est celui de la main en tricotant. » Il ajoute qu'elle est dite *Tricotée* dans les Noëls (Littré)

On fait aux tables couvertures,
On rit, on boit, chacun fait rage,
De babiller du tricotage,

dit Jodelle (*Eugène*, acte 1, scène Ire).

Les différents morceaux dont se composait chaque pièce étaient ensuite assemblés et finis par des ouvrières spéciales. On citait en 1659 une demoiselle Marie Ruel, fille de feu Pierre Ruel, sieur de Piray (1), avocat au Présidial, demeurant au faubourg Saint-Blaise, comme marchande ou fabricante de dentelles à Alençon. Parmi les maîtresses dentellières à qui elle confiait les ouvrages qu'elle avait à exécuter, était Madeleine Le Roy, femme séparée, quant aux biens de Thomas Ruel, sieur de la Croix, marchand, demeurant dans la cour Cochon. Cette dernière n'avait pas moins de quatorze apprenties et employait en outre des ouvrières à façon, travaillant chez elle, ou sous sa direction. L'occasion de la rixe, source du procès qui nous révèle ces détails, fut un collet de dentelle commandé par la dame de Larré (2) à la demoiselle Ruel vers la fin d'octobre 1659, et dont celle-ci avait confié l'exécution à la femme de Thomas Ruel qui avait, paraît-il, montré peu d'empressement à le livrer. Elle aurait même dit, vers le temps de Noël, que la demoiselle Ruel « ne l'auroit pas sy tost son « collet d'ouvrage, comme elle pensoit, parce qu'elle savoit bien où « il y avoit un morceau de six fleurs qui estoit dudict collet qui n'estoit pas prest d'estre faict. » Elle aurait même ajouté que, quant à elle, elle ne rendrait pas sans argent le morceau de vélin

D'après Scarron, (*Virgile travesti* l. VI.), les *Tricotets* étaient un des passe-temps des héros aux Champs-Elysées :

Aucuns dansent des Tricotets.
Pars pedibus plaudunt choreas et carmina dicunt.

M. Gustave Le Vavasseur nous signale la mention des *Tricotets* dans *Alison*, comédie, par Discret (1633 ou 1637) :

FLEURIE
La musique est complète en monsieur Carolu.
CLARISTE
Chantons les *Tricotets* ou bien le *Lanturlu*.
M. CAROLU
Toujours un air nouveau charme mieux les oreilles.
LE BATELIER
Ecoutez donc le mien, je chante des merveilles.

. . On voit par là que les *Tricotins* étaient un air connu, tels que les *Lanturlu*, les *Landriry*, les *Ponts-Bretons*, les *Ponts-Neufs* et les *Vaux-de-Vire*, sur lesquels étaient adaptées des paroles plus ou moins triviales et qu'on chantait en dansant.

(1) Le lieu de Piray est situé à Semallé, sur le chemin de Semallé à Forges. En 1671, la métairie de Piray était possédée par Jacques Ruel, procureur au bailliage, qui y fit construire une maison.

(2) Le titre de dame de Larré était porté à cette époque par Catherine Lefèvré, femme de Jacques de Boullemer, seigneur de Larré, pourvu de l'office de lieutenant général au bailliage d'Alençon en 1656, et remplacé par son fils, en 1660.

qu'on lui avait donné à faire. Le 8 avril, (1660) sur les 10 à 11 heures du matin, la demoiselle Ruel se présenta à l'atelier et réclama le morceau de vélin « qu'elle avoit baillé à faire, il y avoit cinq mois et plus. » La femme de Thomas Ruel répondit que quoique ce morceau ne fût pas fini, elle pouvait l'emporter, en payant la façon estimée à 40 sous, à l'ouvrière, Madeleine Hamard, en ce moment dans l'atelier. La demoiselle Ruel ayant demandé à examiner l'ouvrage, avant de le payer, le mit dans sa gorge. L'ouvrière lui réclama sa façon, et comme la maîtresse voulait lui barrer le passage, elle s'emporta, la renversa sur une chaise, la mordit, l'égratigna et lui donna même des coups de pied dans le ventre, bien qu'elle fût enceinte de cinq mois. Poursuivie par les petites apprenties qui voulaient la précipiter du haut de l'escalier, la demoiselle Ruel sortit échevelée, sa coiffe de taffetas et son mouchoir déchirés, en criant : « Haro sur la banqueroutière. » Après information, par sentence du 1er juin 1660, Marie Ruel fut condamnée à 20 sous d'amende envers le roi, et en 6 livres pour tous intérêts et dépens envers Thomas Ruel et sa femme, non compris les frais du procès s'élevant à 6 l. 10 sous.

On a peine à comprendre qu'une jeune fille bien élevée et appartenant à une honorable famille ait pu se livrer à une telle scène, sans motif apparent. Il est permis d'y voir l'explosion d'une jalousie de métier excitée par l'importance qu'avait pris l'atelier dirigé par la femme de Thomas Ruel qui, à son tour était peut-être en état de monter une fabrique de dentelle.

Mais s'il ne justifie pas complètement l'assertion d'Odolant Desnos au sujet du rôle qu'il attribue à Thomas Ruel dans l'établissement de la manufacture royale de Point de France à Alençon, cet épisode nous apprend, du moins, que la famille Ruel eut une part importante dans cet établissement (1). En effet, la demoiselle Ruel, alors âgée de vingt-sept ans, s'étant mariée en 1662 à

(1) J'ai cherché vainement quelques renseignements sur cette dame Gilbert, qu'Odolant Desnos nous représente comme ayant été aidée par Thomas Ruel dans l'établissement de la manufacture de dentelles.

On trouvera, il est vrai, aux Pièces justificatives, le mariage de Nicolas Gilbert, sieur de la Gaignardière, avec Françoise Gérard, fille de Me Pierre Gérard, avocat au présidial et de demoiselle Madeleine de Saint-Patrice, demeurant au lieu de Bourdon, paroisse de Lonrai. Mais rien ne prouve qu'elle ait joué le rôle que lui attribue Odolant Desnos. On a vu plus haut qu'une demoiselle Anne Gilbert entra comme ouvrière chez la dame Renée de Valframbert, veuve de Pierre Fourmentin, en 1665. Au reste le nom de Gilbert était très-commun, à cette époque, à Alençon.

Jacques Provost, d'Alençon, ne tarda pas à aller se fixer à Paris avec son mari, lequel, peu d'années après, comme on va le voir, fut nommé directeur de la manufacture royale de dentelles.

III

Vers le mois de juillet 1665, des bruits sinistres s'étaient répandus parmi les vélineuses d'Alençon. Les projets grandioses de Colbert sur ce qu'on pourrait appeler l'organisation du travail (1), c'est-à-dire l'établissement de vastes compagnies, centralisant en leurs mains le commerce et l'industrie de la France, commençaient à se dessiner. Ces projets n'étaient pas vus sans inquiétude par les intéressés (2).

On racontait tout bas que cette industrie, si chère à la population alençonnaise, et si prospère, grâce à l'initiative de quelques femmes intelligentes qui s'attachaient sans cesse à la perfectionner, était menacée de se voir arrêtée dans son développement, libre et spontané, par l'établissement d'un odieux monopole. On savait de source certaine que le jeune roi, passionné pour le point

(1) Pierre Clément, *Histoire de Colbert*, t. I, p. 284, 286, 334. — Le 3 août 1664, Colbert avait présidé la première séance du Conseil de commerce. Le 14 septembre de la même année, François de Matignou, lieutenant-général au gouvernement de Normandie, rendit l'ordonnance suivante par laquelle il invitait tous les marchands du bailliage d'Alençon à assister au Conseil du commerce :

« Sa Majesté ayant estimé ne debvoir rien obmettre de ce qui est nécessaire pour le rétablissement du commerce au dedans et dehors de son royaume, ayant pour cet effaict résolu de tenir en sa présence, de quinze jours en quinze jours, un conseil particullier où tous les intérests des marchands seront discuttés et décidés, nous, en exécution de l'ordre de Sa Majesté, faisons sçavoir à tous marchands demeurants dans l'estendue dudit bailliage, que ceux quy auront quelques moyens à proposer conserutants le rétablissement du commerce, ayent à se présenter audit conseil de Sa Majesté, laquelle promet leur départir toute la protection dont ils pourront bien avoir besoing pour les choses quy conserneront leur traffic et particulièrement le rétablissement des manufactures. Donné au Plessis-Grimoult le xiiᵉ jour de septembre 1664. »   « DE MATIGNON. »

Par une contradiction étrange, en même temps qu'il organisait le Conseil du commerce, Louis XIV, que l'on nous représente comme n'étant entré qu'assez tard dans la voie de la persécution (Voir P. Clément, *Hist. de Colbert*, t. II, p. 309), laissait passer des arrêts qui portaient une atteinte funeste à la prospérité du commerce et à la liberté religieuse. Le 22 septembre 1663, le Conseil privé du roi rendit un arrêt ordonnant que les marchands merciers grossiers, faisant profession de la religion réformée, ne formeraient plus que la quinzième partie de la corporation, comme on l'avait fait précédemment pour les médecins et monnoyeurs. — Le 21 juillet 1664, le Conseil d'Etat rendit un arrêt portant que nul de la religion prétendue réformée ne pourrait être reçu en aucun art ou métier, et que toutes les lettres de maîtrise obtenues par les non catholiques seraient nulles et de nul effet.

(2) Dans le marché du 23 juillet 1665, par lequel Barbe Bayol s'engage à travailler pour Renée Courtin, il est dit : « En cas qu'il y eust deffense de faire dudict ouvrage, le présent marché demeurera nul, sans intérests. »

de Venise, dont les édits prohibitifs constamment renouvelés, jusqu'en 1664, n'empêchaient nullement l'introduction en France, avait résolu, sous l'inspiration de Colbert, de provoquer l'établissement de manufactures royales, fabricant des dentelles à l'instar de celle de Venise. On parlait même de vingt ou trente dentellières vénitiennes qu'on allait installer à Alençon, pour enseigner aux jeunes filles un nouveau genre de point, et de l'interdiction prochaine du travail libre aux ouvrières de la ville. On comprend sans peine que de pareilles nouvelles aient produit une vive émotion, non-seulement parmi les dentellières, mais dans toute la population d'Alençon.

Cette émotion dut augmenter, lorsqu'on apprit que le 5 août, le roi avait rendu une déclaration portant établissement dans les villes du Quesnoy, Arras, Reims, Sedan, Château-Thierry, Loudun, Alençon, Aurillac et autres du royaume, « de manufactures de toutes sortes d'ouvrages de fil, tant à l'aiguille qu'au coussin, en la manière des points qui se font à Venise, Gennes, Raguse, et autres pays étrangers, qui seraient appelés Point de France », enregistrée au Parlement de Paris le 14 août. En même temps, on apprenait qu'avec l'agrément et sous le patronage de Colbert, une société d'actionnaires, composée des sieurs Pluymers ou Pluyviers (1), Talon, secrétaire du cabinet, de Béaufort et le Brie, s'était formée à Paris pour l'exploitation du monopole de la fabrication de la dentelle. On était en présence d'une société puissante et active, soutenue de l'autorité de Louis XIV et de Colbert, et pressée de faire valoir son privilège, dût-elle froisser ou même compromettre sérieusement les intérêts des anciens fabricants. Aucune illusion dès lors n'était plus possible, c'en était fait, bien

(1) Savary, dans son *Dictionnaire universel du Commerce*, et tous les auteurs qui, après lui, ont parlé de l'association formée pour l'exploitation du monopole de la fabrication du point, désignent sous le nom Pluymer, l'un des premiers actionnaires. Je dois faire observer que dans les documents authentiques que j'ai compulsés (Registre d'audience du Présidial et arrêt du 3 septembre 1665), ce personnage est toujours appelé Pluyviers. On remarquera qu'il y avait à cette époque dans l'élection d'Alençon un sieur Jean de Pluviers, résidant à Bures, maintenu noble. (*Recherche de la Noblesse*, par Bernard de Marle).

Il arrivait fréquemment que les nobles se livrant à l'industrie renonçaient provisoirement à la qualité et laissaient même tomber la particule jointe à leur nom. C'est ce que fit par exemple le sieur du Bois de Montulay, dessinateur, employé à la manufacture de Point de France, à Argentan, au commencement du xviiie siècle (*Notes d'un compilateur pour servir à l'Histoire du Point de France*, par M. le marquis de Chennevières).

réellement, de l'ancien Point d'Alençon, dont le Point de France allait occuper la place. Restait seulement à déterminer comment s'opérerait cette transformation.

Jacques Provost et sa femme, Marie Ruel (1), que nous connaissons déjà, originaires d'Alençon, établis à Paris depuis 1663, furent chargés par les directeurs de la Société, Jean Pluyviers, un des actionnaires, Paul et Catherine de Marc, marchands de Paris, de l'installation à Alençon de comptoirs ou bureaux de fabrication. Jacques Provost n'était pas l'homme qui convenait à une mission aussi délicate. Envoyé à Alençon, avec pleins pouvoirs, pour l'établissement d'une manufacture qui devait anéantir plusieurs maisons de négociants avec lesquels sa femme avait eu des rapports de commerce ou même des procès, il était à craindre qu'il n'y rencontrât des inimitiés personnelles. Loin de chercher à les désarmer par la modération, il paraît être rentré dans sa ville natale avec la résolution de la traiter en pays conquis.

Une telle insolence chez un simple préposé, qui prenait le titre de directeur, n'a rien qui doive nous surprendre : il était porteur de lettres de cachet pour l'exécution des ordres du roi qu'il devait lui-même remettre à l'intendant, au procureur du roi et aux échevins d'Alençon. Il pouvait donc, de bonne foi, se croire un personnage. Sans même prendre la peine de remettre à l'intendant la lettre qui lui était adressée, sans demander avis de personne, il fit distribuer les lettres de cachet aux échevins et au procureur du roi, et annonça hautement qu'il était chargé de l'organisation d'une manufacture royale de dentelles et que les ouvrières n'avaient qu'à se soumettre aux volontés du roi, trop heureuses qu'on leur laissât le moyen de gagner leur vie (2). Le mécontentement général qui grondait sourdement dans la ville

(1) Le contrat de mariage de Jacques Provost, fils de Pierre Provost et d'Anne Choisne, bourgeois d'Alençon, avec Marie Ruel, fille de défunt Pierre Ruel, sieur de Pirey, avocat au bailliage et siège présidial d'Alençon et de damoiselle Françoise de Séronne, est du 15 mars 1662. — On voit par une attestation, placée au bas du contrat de mariage, qu'à la date du 6 mars 1663, ils habitaient Paris.

(2) « Celuy qui est préposé n'oseroit se hazarder de se montrer dans les rues, aussi en a-t-il si mal usé que sans en avoir communiqué à personne, non pas mesme à moi, il a parlé de cette affaire publiquement, a distribué des lettres de cachet aux échevins et procureur du roy, sans m'avoir baillé celle qui m'étoit adressée que lorsqu'il a été poursuivi par la populace et qu'il a trouvé sa retraite dans ma maison; et comme il est né dans la ville et qu'il est est cognu de tout le monde et de basse naissance, le peuple s'anime d'autant contre lui, qu'il a fait des discours qui le mettent au désespoir, disant que les filles seront heureuses de gagner

prit alors le caractère d'une véritable émeute qui éclata le 30 août. Toutes les femmes, au nombre de plus de mille, écrit l'intendant, « se sont assemblées et l'ont poursuivy, en telle sorte que s'il n'eust evité leur furie, il eust été asseurement en mauvais estat. Il a trouvé sa retraite chez moy et je l'ay préservé de leurs mains et appaisé doucement cette multitude qui ne sera point en repos jusques à ce qu'il ait pleu au Roy, leur donner quelque asseurance qu'on ne leur ostera pas la liberté de travailler (1). «

Informé immédiatement de ces faits par une lettre officielle de l'intendant et sur les instances pressantes des directeurs de la manufacture, Colbert, dès le 3 septembre 1665, fit rendre un arrêt du Conseil d'Etat, que nous croyons utile de reproduire, *in-extenso*, en raison de son importance :

Extrait des registres du Conseil d'Etat

(3 SEPTEMBRE 1665)

« Sur la requeste presentée au Roy en son Conseil par Jean Pluyviers et Paul de Marcq et Catherine de Marcq, contenant qu'ayants estes chargez par Sa Majesté de faire faire ou faire l'establissement des manufactures des points de fil, ils auroient donné leurs ordres et procuration à M° Jacques Prevost et sa femme pour ce qui estoit à faire en la ville d'Alençon ; en conséquence de quoy, ledit Prevost s'estant transporté en ladite ville d'Alençon, à son arrivée, qui fut le XXXI aoust dernier, il auroit couru le danger de sa vie, sans le secours et la justice du sieur intendant, departy en la généralité d'Alençon, car les nommez Thomas Ruel, Fenouillet, les Collet frères, Chambarre l'Indien, le Tartre, Sausonnerie, Herard et ses filles, la Poussinière (2),

---

deux sous par jour, et que, malgré tout le monde, la chose sera établie. Son peu de jugement et de conduite sont cause du trouble qui estant commencé aura peine de se calmer, dans la crainte qu'on a que l'establissement n'empêche les particuliers de gagner leur vie. » (Depping, *Correspondance administrative sous le règne de Louis XIV*, t. III, p. 17. Lettre de l'intendant d'Alençon du 7 septembre 1665).

(1) *Ibid.*, p. 746. Lettre du 30 août 1665.

(2) Le titre de sieur de la Poussinière était porté en 1663 par Jacques Lesage, fermier de la terre de Saint-Laurent-de-Beaumesnil. On verra aux Pièces justificatives qu'un sieur Lesage avait épousé une dentellière en 1645. Au reste la plupart des noms mentionnés ci-dessus se retrouvent dans les contrats de mariage des dentellières que nous citons.

Barrier, Foucqué, les Boullée et plusieurs autres de cette sorte, qui sont les regrattiers des ouvrages d'Allençon, ou les commissionnaires des nommez Francosme, Hamonnel et de quelques autres marchands de Paris qui s'enrichissent aux dépens des pauvres ouvriers et au détriment du public, auroient excité une émotion séditieuse, contre ledit Prevost, en le menassant publiquement de l'assassiner, luy et tous ceux qui viendroient là pour l'establissement de ladite manufacture, le chargeans d'injures et proclamant que c'estoit un maltotier, qui venoit pour ruyner la la ville et les ouvrières du Point d'Alençon, au lieu que l'intention de Sa Majesté, portée par sa Déclaration du mois d'aoust dernier et l'exécution que les supplians en poursuivent, n'est en général que pour faire fleurir le commerce en France, en y establissant toutes sortes de manufactures, capables d'occuper les sujets du Roy, d'empescher le transport des deniers du royaume dans les pays étrangers et faire naistre l'abondance et le bon marché, et en particulier pour la ville d'Alençon et autres lieux où les bureaux desdites manufactures seront establis, cet establissement aportera et l'abondance des deniers et la fréquentation du commerce, la perfection des ouvrières dans leur travail et une plus ample récompense de leur industrie. Et d'autant que lesdits commissionnaires ou regrattiers d'ouvrages de la ville d'Alençon ne peuvent avoir aucun pretexte légitime, puisque mesmes la Déclaration a esté enregistrée purement et simplement et sans modification au Parlement de Paris le XIIIIᵉ jour dudit mois d'aoust dernier et qu'en fait de police, ce qui est ordonné par le Parlement de Paris ensuitte des ordres du roy, doit valloir pour tout le royaume; les supplians ont esté conseillez de bailler leur requeste tant pour faire ordonner l'exécution de ladite Declaration que pour faire punir ceux qui ont excité le tumulte en ladite ville d'Alençon, ledit jour dernier d'aoust 1665, et pour faire pourvoir à la seureté de ceux qui sont employez à l'establissement desdites manufactures ;

« A ces causes, requeroient les supplians qu'il pleut à Sa Majesté ordonner que ladite Déclaration du mois d'aoust dernier sera exécutée selon sa forme et teneur, ce faisant qu'il sera incessamment proceddé à l'establissement d'un ou plusieurs bureaux en la ville d'Alençon, ou ailleurs où besoin sera, pour y faire travailler aux Points de France, enjoindre pour cet effet au sieur

commissaire départy en la generallité d'Alençon, lieutenant general, officier du Présidial, maire et eschevins et autres officiers
de ladite ville, d'y tenir la main et à l'exécution de l'arrest qui
interviendra, à peine d'en respondre en leurs propres et privez
noms, mettre lesdits supplians, ledit Prevost, sa femme, frères,
sœurs et autres qui seront par lui employés en l'establissement
desdites manufactures sous la protection et sauvegarde de votre
Majesté et des habitans de ladite ville d'Alençon, leur faire
deffences de leur mesfaire ny mesdire, à peyne de punition exemplaire ; et que pour cet effect ledit arrest qui interviendra sera leu
et publié par tout où besoin sera et mesmes aux prosnes des
paroisses de ladite ville d'Alençon et affiché en tous les lieux
publicqs, à ce que personne n'en pretende cause d'ignorance ; et
en conséquence, ordonner que par ledit sieur commissaire
departy en ladite generallité d'Alençon il sera informé de ladite
sedition et desordres, arrivés en ladite ville d'Alençon ledit jour
XXXI° aoust dernier, menaces et injures profférées contre ledit
Prevost, pour par ledit sieur commissaire, appelé avec luy le
nombre de juges ou graduez, porté par l'ordonnance, estre le
procès fait et parfait aux coupables, jusques à jugement définitif
inclusivement, nonobstant oppositions ou appellations quel-
-conques, sans préjudices d'icelles dont, sy aucunes intervenaient,
le Roy s'en reservera connoissance et icelle interdira à tous autres
juges ; veu ladite requeste signée Audoul, advocat au Conseil, ;
ladite Déclaration du mois d'aoust dernier et l'arrest d'enregistre-
ment au Parlement de Paris et autres pièces attachées à ladite
requeste; ouy le rapport du sieur Colbert, conseiller au Conseil
royal, intendant des finances, commissaire à ce depputé et tout
considéré :

« Le Roy en son Conseil a ordonné et ordonne que lesdites
lettres de Déclaration du mois d'aoust dernier seront executez
selon leur forme et teneur, ce faisant, qu'il sera incessamment
procédé à l'establissement d'un ou plusieurs bureaux en la ville
d'Alençon et ailleurs où besoin sera, pour y faire travailler aux
Points de fil de France, mettant Sa Majesté lesdits supplians et
ledit Prevost, sa femme, frères et sœurs et autres qui seront employez à l'establissement desdites manufactures soubs la protection et sauvegarde des habitans de ladite ville d'Alençon, leur
faisant defences de leur mesfaire ny mesdire, à peine de punition
corporelle.

« Ordonne en outre Sa Majesté que par le sieur du Boulay Favier, maistre des requestes ordinaire de son hostel et commissaire departy en la generallité d'Alençon, il sera informé de la sedition et desordres arrivez en ladite ville d'Alençon, ledit jour XXXI aoust dernier, ensemble des menaces et injures proferées contre ledit Prevost et le procès fait et parfait aux coupables, souverainement et en dernier ressort, appelé avec luy le nombre de graduez porté par les ordonnances, luy en attribuant, à cette fin, toutte cour, jurisdiction, et connoissance, et icelle interdite et deffendue a toutes les cours et aucuns juges. Enjoint Sa Majesté au lieutenant général, officiers du présidial, maire, eschevins et autres officiers de ladite ville d'Alençon, de tenir la main à l'exécution du présent arrest, à peyne d'en respondre en leurs propres et privez noms.

« Et sera le present arrest leu et publié partout où besoin sera, mesmes aux prosnes des paroisses de ladite ville, et affiché en tous les lieux publiqcs d'icelle, à ce qu'aucun n'en prétende cause d'ignorance.

« Fait au Conseil d'Estat du Roy, tenu à Paris le troisième jour de septembre 1665. Collationné, *signé* : Berryer.

« LOUIS, par la grâce de Dieu, Roy de France et de Navarre, à notre amé et féal conseiller en nos Conseils, maistre des requestes ordinaire de nostre hostel, le sieur du Boulay Favier, commissaire par nous departy en la generalité d'Alençon, salut. Suivant l'arrest dont l'extrait est cy attaché sous le contre sceel de nostre chancellerie ce jourd'huy donné en nostre Conseil d'Estat, sur la requeste à nous présentée par Jean Pluyviers et Paul de Marcq, marchands, bourgeois de Paris et Catherine de Marcq, nous vous mandons et ordonnons d'informer de la sedition et desordres arrivez en la ville d'Alençon le XXXI° aoust dernier, y mentionnés, ensemble des menaces et injures proférées contre le nommé Prevost y desnommé, faire et parfaire le procès aux coupables souverainement et en dernier ressort, appeler avec nous le nombre de graduez porté par nos ordonnances, vous en attribuant, à cette fin, toute cour, jurisdiction et connaissance, et icelle interdisons à touttes nos autres cours et juges. Enjoignons au lieutenant général, officiers du présidial, maire, eschevins et autres officiers de ladite ville d'Alençon de tenir la main à l'exécution dudit arrrest, à peyne d'en respondre en leurs propres et privez noms. Mettons lesdits Pluyviers, de Marcq, Prevost, sa femme, frères et sœurs et autres qui seront employez à l'establissement desdites manufactures sous nostre protection et sauvegarde des habitans de la ville d'Alençon, commandons au premier des huissiers ou sergens sur ce requis de signiffier ledit arrest à tous qu'il appartiendra, à ce qu'ils n'en prétendent cause dignorance, et faire pour l'entière exécution dudit arrest, que nous voulons estre leu, publié et affiché par tout où besoin sera, à ce que aucun n'en pretende cause d'ignorance, toutes autres significations, commandements, sommations et autres actes et exploicts à ce requis et nécessaires sans autre permission, nonobstant clameur de haro, charte normande, prise à partie et autres lettres à ce contraires, voulons qu'aux copies dudit arrest et des présentes, collationnées par l'un de nos amés et féaux conseillers, foy soit adjoutée comme aux originaux : car tel est nostre plaisir.

« Donné à Paris le troisième jour de septembre, l'an de grâce mil six cent soixante cinq et de nostre règne le xxiii°. Par le Roy en son Conseil, signé, Berryer, scellé du grand sceau de cire jaulne, avec contre sceel. »

Pendant que le premier des corps de l'Etat était mis en mouvement par Colbert pour assurer l'exécution de ses volontés et qu'un courrier particulier partait de Paris, pour porter à l'intendant d'Alençon l'arrêt du 3 septembre, l'agitation continuait parmi les marchands de dentelles et parmi les ouvrières. Chose remarquable, l'intendant au lieu de se borner à exécuter, avec empressement, les ordres du ministre, et de ne connaître d'autre intérêt que celui du succès de l'entreprise qu'il patronnait, ne craignit pas de renouveler les observations qu'il avait déjà osé lui présenter.

Le 7 septembre, il mandait à Colbert que les troubles excités par la nouvelle officielle de l'établissement d'une manufacture royale de Point de France à Alençon, étaient loin d'être apaisés et ne craignait pas de renouveler les observations qu'il avait déjà osé présenter sur l'injustice qu'il y avait à vouloir ôter aux ouvrières la liberté de travailler (1).

_____

(1) « C'est ce qui leur fait à présent crier miséricorde, parce que, toutes sortes de personnes ne seront pas propres à travailler au Point qu'on veut faire ; et les en-

Le lendemain vendredi, 8 septembre 1665, eut lieu une assemblée de ville dans laquelle le marquis de Rânes, bailli et gouverneur d'Alençon, s'efforça de faire entendre aux habitants que le seul parti qu'ils eussent à prendre était la soumission. Cependant l'agitation continuait et l'intendant persistait à ne voir d'autre moyen de l'apaiser, que la voie de la conciliation. Huit ou dix des principaux marchands de dentelles et autant de maîtresses dentellières furent admis à débattre, en sa présence, leurs intérêts avec le sieur Provost. Après une longue discussion, ce dernier finit par consentir à la transaction suivante, proposée au nom des dentellières :

« Si après que le roy aura trouvé les 200 filles pour faire le Point le plus fin, on veult donner la liberté de travailler à tout le reste, comme on faict à présent, ils se soumettront (1). »

Cette transaction, qui paraissait raisonnable, ne semble pas avoir été agréée par Colbert. Les considérations invoquées par l'intendant témoignent de sentiments de modération et d'humanité ; mais elles devaient avoir peu de prise sur l'esprit inflexible du grand ministre, qui avait résolu de renouveler l'industrie française par l'intervention de l'Etat, dussent les particuliers en éprouver des souffrances momentanées. Il est même permis de supposer que les avis du fonctionnaire furent peu goûtés du ministre et que l'indépendance dont il faisait preuve fut mal récompensée. Ce qui est certain, c'est que Favier du Boullay, qui occupait le poste d'intendant à Alençon depuis 1644, fut remplacé peu de temps après par Bernard de Marle.

Quoiqu'il en soit, l'arrêt du Conseil d'Etat du 3 septembre fut sans retard signifié aux officiers du Présidial ; et quelques jours après, le 19 septembre 1665, Jacques Provost, muni de procuration de Jean Pluvyers et Paul et Catherine de Marc, prit à loyer,

fants en seront frustrez et éloignez, parce qu'ils ne peuvent estre assez habiles pour s'appliquer à ce point si fin ; et tous ceux et celles mesmes qui y gagnent leur vie et leur subsistance ne pourront jamais y parvenir, estans accoustumez au gros point, dont néanmoins ils ont à présent le débit. C'est ce qui faict qu'ouvertement ils résistent à ces establissements, croiant que par là on leur oste le pain de la main et le moyen de payer leur taille, les petites bergerotes des champs y travaillent mesmes » (Depping, t. III, p. 747.)

(1) Lettre de l'intendant d'Alençon à Colbert, 14 septembre 1665 (Depping, t. III, p. 749). — L'intendant termine en disant ; « Mais je crois, si vous le trouvez bon, qu'il serait à propos qu'un autre que ledit Provost, se mêlât de l'affaire, parce qu'à toute la ville et à tous ses parents, il est en horreur. »

pour six ans, de Pierre Duval, sieur des Acres, gendarme de la compagnie du roi, une maison, située sur le carrefour de la Chaussée, avec jardin cour et écuries, précédemment occupée par la dame de l'Isle. Le chiffre du loyer, 400 livres, indique l'importance de cette maison, qui allait devenir le centre de la fabrication de la dentelle à Alençon.

La dame de Marcq, directrice de toutes les manufactures de point envoya alors à Alençon vingt dentellières vénitiennes ; l'explosion du mécontentement général qui avait accueilli le sieur Provost à son arrivée à Alençon se manifesta avec plus de violence encore que la première fois. Les dentellières étrangères furent frappées par des garçons qui obéissaient, dit-on, aux excitations des commissaires des marchands de Paris. Des poursuites durent être dirigées contre les coupables (1). De plus, deux arrêts furent rendus par le Conseil d'Etat les 21 et 25 octobre 1665, pour la conservation des priviléges des manufactures de Point de France. L'intendant rendit, le 26 octobre, une ordonnance destinée à prévenir le retour des émeutes précédentes. De leur côté, les échevins et le procureur syndic du Conseil de ville, ne restèrent pas inactifs et mirent sous la protection de l'autorité municipale « la demoiselle Catherine de Marc, préposée, par Sa Majesté à l'establissement des dictes manufactures, pour poursuivre les contrevenants aux ordonnances de mon dict sieur du Boullay-Favier et faire punir les coupables des violences et injures que la dicte demoiselle de Marc prétendoit lui avoir esté faictes ou à ses preposéz ; avec offre de lui donner main forte pour faire exécuter les décrets et sentences qui pourroient intervenir, en conséquence des informations qui en pourroient estre faictes (2). »

Autant qu'il est possible d'en juger par les documents authentiques que nous avons entre les mains, c'est une dame nommée Marie Fillesac ou Firsac, secondée par une dame Raffy (3),

(1) Lettres à Colbert, t. 132, f° 75. (Bibliothèque nationale).

(2) Délibération du 18 novembre 1865. (Arch. municipales d'Alençon, série BB). — Registre du Conseil de ville, de 1652 à 1674, f° 224.

(3) On voit par une lettre du 23 novembre 1665, adressée à Colbert, que Mme Raffy s'était rendue à Argentan où, comme à Alençon, on avait publié à son de trompe l'arrêt ordonnant aux dentellières de se retirer aux bureaux de la manufacture royale. M. Séguin (la Dentelle, in-f° Paris, Rodschild, 1875), en a conclu, avec raison, que la Manufacture d'Argentan était aussi ancienne que celle d'Alençon. Voir aussi Notes d'un compilateur, pour servir à l'histoire du Point de France, par M. le marquis de Chennevières.

qui dans la transformation de l'ancien Point d'Alençon, ou si l'on veut dans la création du Point de France, aurait joué le rôle qu'Odolant Desnos a assigné à Mme Gilbert (1). Une lettre de Catherine de Marcq à Colbert, du 26 août 1665, nous apprend que cette dame de Firsac ne fut envoyée à Alençon pour y former des ouvrières, qu'après lui avoir été présentée par la d^lle de Marcq. Marie de Firsac écrivit elle-même à Colbert que, selon ses ordres elle s'était rendue à Alençon avec Mme Raffy, qu'elle s'appliquait « de tout son cœur à seconder ses desseins et à faire réussir le travail de la manufacture royale, dont je m'assure, ajoute-t-elle, que dans peu de jours, il sortira des échantillons qui ne le céderont en rien au véritable Venise (2). »

Cependant, le 6 novembre, le Conseil d'Etat rendit un arrêt qui confirmait l'ordonnance de l'intendant, du 26 octobre. Cet arrêt fut remis par un huissier du Conseil à la chaîne (3), au Conseil de ville d'Alençon, réuni en séance extraordinaire sous la présidence de Nicolas d'Argouges, marquis de Rânes, gouverneur d'Alençon, le 8 novembre, lu et publié aux marchés et affiché aux carrefours et autres lieux publics, et mis aux mains du sieur procureur du roi, pour en requérir l'exécution, « lequel requiert qu'il fust d'habondant authorisé par ledict Conseil de se pouvoir par censures ecclésiastiques » contre ceux et celles qu'on prétend avoir fait courir des bruits au préjudice de la manufacture dudit Point de fil de France, suivant les articles qu'il en fournira. Il requit en outre qu'il fût enjoint « aux filles de se retirer aux

---

(1) Le 3 octobre 1665, Anne de Cléray, veuve de Samuel Perdriel, sieur des Brosses, demeurant à Boitron, promet à Jacques Le Provost « directeur de la manufacture royale des Points de France à Alençon, que Renée et Françoise Perdriel, ses filles, travailleront avec assiduité aux ouvrages qui leur seront enseignés et baillés par la maîtresse ouvrière, préposée au bureau de la dite manufacture, pendant trois ans. Les dittes filles seront nourries, logées et blanchies. » Ce contrat fut fait moyennant la somme de 36 l. payable par chacun an pour chacune des filles. « Ne pourront lesdites filles se retirer du dit bureau, pour quelque cause et occasion que ce soit, sans le consentement du dit Provost, pendant les trois ans, et ne communiqueront ni les dessins ni le secret de leur travail, sous peine de payer 200 l. d'interests, à quoi la mère et les dittes filles se sont obligées. (Tab. d'Alençon.)

(2) Lettres à Colbert, t. 132, f° 831 (Bibl. nat.).

(3) « Les Huissiers à la Chaîne, dit Saint-Simon (t. II, p. 193), sont ceux qui peuvent exploiter indifféremment partout et que chacun qui veut emploie quand on veut faire une assignation délicate et forte, parce que ceux-là sont toujours respectés et instrumentent avec une grosse chaîne d'or au cou d'où pend une médaille du roi. Ils sont en même temps huissiers du Conseil et y servent avec cette chaîne. »

bureaux pour y prendre des desseins et y travailler aux dits ouvrages dans les bureaux établis en cette ville ; et que pour les filles qui travailleront hors desdits bureaux par l'ordre des directeurs, les pères et mères des dictes filles interviendront cauption de garder le secret des desseins et de suivre les ordres des dicts bureaux. »

Les moyens de contrainte employés pour forcer les dentellières d'Alençon à renoncer au travail libre, pour « se retirer aux bureaux de la manufacture du Point de France, » ne paraissent pas avoir eu tout le succès qu'en attendaient les directeurs de l'entreprise. Sur les 8,000 vélineuses ou dentellières qu'on comptait alors à Alençon et aux environs, 700 seulement consentirent à travailler pour la manufacture. Non-seulement les marchands de dentelles, mais même plusieurs maisons de qualité et des couvents de la ville, comme on le verra plus loin, favorisèrent la résistance désespérée de l'industrie locale contre le monopole (1).

Les arrêts du Conseil d'Etat se succédaient cependant sans interruption (19 février, 16 août et 12 octobre 1666), pour renouveler les défenses « d'empescher directement ny indirectement les dicts establissements, ny de troubler les ouvriers employés dans les dictes manufactures en leur travail, et à tous les marchands et autres de quelque qualité et conditions qu'ils soient de vendre et débiter, après les trois mois portés par les dicts arrests, aucuns ouvrages de poinct de fil étrangers, à peine de confiscation des ouvrages et de trois mil livres d'amende. »

Dans la déclaration du 12 octobre 1666, la supériorité du Point de France, sur le Point de Venise, est hautement affirmée. On y rappelle qu'on a fait venir de Venise et autres villes étrangères un grand nombre d'ouvrières habiles, distribuées dans les anciens centres de fabrication de la dentelle : le Quesnoy, Arras, Reims, Sedan, etc., « et qu'au moyen de l'application que l'on y a apportée, il se fait présentement en France des ouvrages de fil si exquis qu'ils esgallent, mesmes surpassent en beauté les étrangers » En renouvelant les défenses contenues dans les arrêts et déclarations précédents, le roi permet l'usage des vieilles dentelles de Venise jusqu'au 20 janvier 1667 « sans que, dit-il, sous prétexte de notre présente permission, aucun puisse acheter ny

(1) Lettre de Catherine de Marcq à Colbert, 30 novembre 1665.

porter aucuns ouvrages, de Venise ou autres pays estrangers, neufs, ny pareillement d'en porter ledict temps passé. »

Dans un nouvel arrêt du Conseil d'Etat obtenu, le 5 février 1667, par Jean Pluvyers, Paul et Catherine de Marcq, qualifiés du titre « d'entrepreneurs de la manufacture de toute sorte de Points de fil, » le monopole exclusif de la fabrication de la dentelle est affirmé plus rigoureusement encore que dans les arrêts précédents. L'exposé qui l'accompagne mérite d'être cité en entier.

« Encore bien que les déclarations de Sa Majesté, des mois d'août 1665, octobre 1666 et arrests du Conseil, donnez en conséquence les 21, 25 octobre et 5 novembre 1665, qui *défendent de faire fabriquer*, vendre ny user d'aucuns Points et ouvrages de fil faits à l'aiguille, autres que ceux faits dans la dite manufacture royale et sur les dessins des entrepreneurs, néantmoins, par une contravention aux voluntez de Sa Majesté, plusieurs marchands ne laissent pas d'en vendre et débiter et plusieurs personnes d'en porter et user, par une licence qui ne peust estre permise.

« Comme aussi dans toutes les villes où les entrepreneurs ont estably, à grands frais, des manufactures nouvelles pour instruire les filles des lieux, lesquelles estantes instruites se mettent à travailler avec du tissu, disant n'estre pas ceux de la manufacture et ne pas contrevenir aux arrests. Ce qui empesche les entrepreneurs d'avoir des ouvrages des mains qu'ils ont fait dresser. »

Le successeur de Favier du Boullay, paraît avoir déployé dans ses nouvelles fonctions, pour le succès et le développement de la manufacture du Point, tout le zèle que Colbert pouvait attendre d'un intendant, jeune et aux débuts de sa carrière, allié de sa famille. Dans une lettre en date du 2 décembre 1666, il proposait à Colbert de faire apprendre aux petites orphelines recueillies dans les hôpitaux « à travailler au veslin. » Par ce moyen, ajoute-t-il, « en deux ou trois ans, nous aurions en nos bureaux quantité d'ouvrières, et j'espérerais faire réussir notre manufacture plus avantageusement qu'aucune autre. L'utilité que le public en recevroit, par cette voye, la feroit souhaitter de tout le monde et nous mettrions les filles et les femmes en estat de gagner plus que les hommes; ce qui produiroit beaucoup de soulagement dans les petites familles qui sont obligées de subsister du seul gaing du mary ; et en cela je crois travailler suivant vos intentions (1). »

Colbert, on n'en peut douter, était considéré à Alençon comme le véritable directeur de la manufacture de la dentelle. L'intendant lui rendait compte des visites des inspecteurs qui, de temps en temps, étaient envoyés pour constater l'état de la fabrique et étudier les perfectionnements dont elle était susceptible (18 avril 1667). Des mouchoirs en dentelle lui étaient adressés, pour lui et pour sa fille, la duchesse de Chevreuse (2), par l'intermédiaire de l'intendant. Le même fonctionnaire lui transmettait les doléances des dentellières employées à la fabrication du Point de France, qui se plaignaient de ce que Colbert ne faisait pas assez de commandes (3) à la manufacture d'Alençon qu'il avait lui-même entreprise (3 septembre 1667).

Une lettre du même intendant, du 11 avril 1669, nous montre par quelles ruses les derniers défenseurs du travail libre qui, on peut le dire, avaient tous les habitants d'Alençon pour complices, essayaient de tromper la surveillance de l'administration, mise au service des spéculateurs habiles qui exploitaient le monopole de la dentelle. Des perquisitions fréquentes avaient lieu chez les particuliers. Les couvents et les églises (4) même favorisaient le récel et la vente, sous le manteau, des ouvrages fabriqués en cachette par les dentellières. Les religieuses Bénédictines de Montsor sont particulièrement signalées comme ayant favorisé ces contraventions.

Le monastère des religieuses Bénédictines de Sainte-Geneviève de Montsor, fondé en 1636 par Geneviève de Flotté, veuve de

---

(1) Dans son mémoire sur les réformes industrielles et commerciales adressé au roi en 1663, Colbert proposait de faire travailler aux manufactures dont il projetait l'établissement « les filles de l'Hôpital général. » P. Clément, *Histoire de Colbert*, t. i, p. 285.

(2) Jeanne-Marie-Thérèse Colbert, fille du grand Colbert, mariée le 3 février 1667, à Charles-Honoré d'Albert, duc de Chevreuse.

(3) « Le roi achetait tous les ans, pour environ huit cent mille de nos livres, de tous les ouvrages de goût qu'on fabriquait dans son royaume, et il en faisait des présents. » Voltaire, *Siècle de Louis XIV*, ch. XXIX.

(4) Dans le compte de la Confrérie de la Présentation Notre-Dame d'Alençon, de 1667 à 1672, figure l'article suivant : Le comptable se charge des arrérages d'une rente de 70 livres, constituée par contrat du 3 juin 1667, c'est à savoir, 50 livres, produit « de la vente d'ouvrages de veslain, provenant de plusieurs filles et vendus à la demoiselle de la Poussinière » et 20 livres données par la dame Despierres. (*Arch. de l'Orne*, série G.)

Charles de Vanssai, était situé, comme on sait, à l'extrémité du faubourg dont il avait pris le nom, *rue du Mans. Les murailles* de leur vaste enclos se voient encore et bordent la prairie du Guéde-Gêne. Elles s'y établirent en 1643, mais les frais de construction ayant entièrement absorbé les premiers fonds, elles se trouvèrent dans une grande détresse et furent obligées de suspendre la continuation des bâtiments. La supérieure, Renée de Vanssai, abandonna même la communauté qui, pendant quelque temps, n'eut d'autre moyen d'existence que les travaux manuels des religieuses. On est fondé à penser que la fabrication de la dentelle fut alors une des principales ressources de la communauté. Cette situation précaire prit un terme lorsque Marie Dauvet, veuve de Jacques le Comte, marquis de Nonant, vint au secours des religieuses en leur faisant don de 18,000 livres, à condition que ses deux filles, professes à l'Abbaye-aux-Dames, à Caen, seraient reçues dans leur communauté et qu'elles pourraient prendre le titre de donatrice, réparatrice et seconde fondatrice (1). Bien que cet acte qualifié de simoniaque par Odolant Desnos, ait été attaqué, les religieuses ne s'en firent pas moins une loi d'en exécuter scrupuleusement les conditions. Marie le Comte fut élue supérieure perpétuelle en 1655, et après sa mort, en 1677, Gabrielle de Nonant, sa sœur, fut nommée abbesse de Montsor.

L'intendant avait été averti depuis longtemps que les Bénédictines de Montsor favorisaient le débit du Point d'Alençon, fabriqué clandestinement en dehors de la manufacture. Mais les priviléges des monastères s'opposant à ce qu'il y fît faire des visites, il avait pris le parti de dissimuler ces contraventions. Enfin, sur les instances des intéressés de la manufacture, qui se plaignaient de ce que la liberté de la concurrence laissée aux dentellières diminuait de beaucoup le nombre de leurs ouvrières et leur faisait un tort considérable, l'intendant se résolut à agir. Pour se faire ouvrir sans scandale les portes de l'abbaye, il eut recours à une ruse. Un émissaire se disant marchand, sous prétexte d'acheter des ouvrages de Point d'Alençou, se fit introduire vers dix heures du soir dans le monastère, par la femme d'un

---

(1) Les armes de Marie Dauvet à laquelle on attribue la construction du grand bâtiment des Bénédictines de Montsor, se voient encore sur une pierre finement taillée, conservée au Musée de sculpture d'Alençon.

nommé Dubois (1), peintre à Alençon, qui elle-même fabriquait secrètement de la dentelle. On lui livra six mouchoirs et une cornette garnis de dentelle pour 472 livres. Au sortir de l'abbaye, la femme Dubois fut arrêtée et conduite, à onze heures du soir, devant l'intendant. Elle déclara qu'elle faisait de la dentelle, mais qu'elle n'avait remis aux religieuses qu'un seul mouchoir pour le vendre et que le marchand ne l'avait pas acheté, ne le trouvant pas assez beau.

Le délit dûment constaté, l'intendant se rendit chez les religieuses, et, après leur avoir adressé une réprimande sévère, pour éviter le scandale, leur fit entendre que, par ménagement pour les dames de Nonant, supérieures du monastère et pour M. le comte de Chamilly (2), leur beau-frère, il voulait bien étouffer l'affaire au moyen d'une transaction. Les religieuses parurent d'abord accepter cette proposition, mais après en avoir conféré avec les personnes qui leur avaient donné ces dentelles à vendre, elles se retractèrent et refusèrent tout arrangement, soutenant « que tout cela estoient des suppositions inventées par leurs ennemys. » L'intendant dut en référer au ministre, auquel il proposa de condamner simplement les religieuses à restituer les 472 livres, prix de la vente.

Les vélineuses et les marchands de dentelle, on le voit, étaient loin de renoncer à la lutte contre la manufacture. Ils soutenaient, en effet, qu'aux termes de la déclaration du 14 août 1665, « les intentions du roi étoient seulement d'interdire le commerce des Poincts de Venise et des autres pays estrangers et laisser aux marchands la liberté de vendre et débiter le Poinct de Paris et autres non faicts sur les dessins et patrons de la manufacture. » Ils ajoutaient que le roi avait « encore eu la bonté de permettre aux particuliers de travailler pour leur usage aux ouvrages de Poinct de Paris, avec tissu et cordonnet, sans aucune broderie, suivant l'arrest du Conseil du 8 novembre 1667. »

(1) Dans les comptes du Trésor de l'église Notre-Dame d'Alençon, 1666 à 1669, on remarque l'article suivant : Payé « au sieur Dubois, peintre de cette ville d'Alençon, la somme de quarante livres pour deux tableaux par lui vendus audit trésor, suivant le marché fait avec les précédents trésoriers. La dite somme à lui payée, suivant sa quittance en date du 26 février 1669. Les tableaux servans à l'autel de la sacristie dans l'un desquels est représenté une *Cesne*, et dans l'autre un *Jésus au Jardin des Olives.* »

(2) Hérard Bouton, comte de Chamilly, qui avait épousé le 2 octobre 1660 Catherine fille du Comte de Nonant.

Le 25 novembre 1669, l'intendant d'Alençon écrivait à Colbert que la liberté laissée aux marchands de vendre le Point de Paris faisait le plus grand tort à la manufacture. « Les marchands, dit-il, nous débauchent secrètement nos ouvrières ; à quoy ils ont d'autant plus de facilité que, lorsque l'on faict des visites et que l'on trouve des filles travaillant au Poinct de Paris, il est impossible de justifier contr'elles que ce n'est point pour leur usage ; et après, elles trouvent des biais et des moyens pour le vendre aux marchands que l'on ne peut descouvrir. Je sçais bien que la liberté publique des marchands et des particuliers vous demande que vous ayez la bonté de leur continuer la grâce portée par ceste déclaration et par cest arrest du Conseil, mais aussy l'intérest particulier de nostre manufacture, dans lequel le bien public se trouve aussy engagé, vous sollicite de retrancher ces grâces particulières dans les lieux de son establissement. »

L'intendant se plaignait aussi de ce que les inspecteurs de la manufacture étaient « trop difficiles aux meschans ouvrages. » Sans doute, ajoute-t-il, « j'estime que l'on doibt tenir ceste conduite à l'esgard des personnes capables de bien faire et qui, par négligence, veulent bien se relascher, mais non pas à l'égard de celles qui n'ont pas l'adresse de la main pour y réussir heureusement, afin que tout le monde y puisse gagner sa vie. Et si ces meschans ouvrages n'ont point débit à Paris, il sera facile de s'en défaire à nos foires, en sorte que les intéressés ne s'en trouvent point chargés. »

A cette lettre était joint le procès-verbal de la saisie de deux morceaux de Point de France faite à Nogent-le-Rotrou, par ordre de Colbert, dans la maison du sieur Lefébure, porte-manteau du roi.

Si elle ne réussit à Alençon à forcer les ouvrières à travailler exclusivement pour la manufacture royale, comme elle le prétendait, la Société formée par Colbert n'en atteignit pas moins le but qu'elle se proposait et réalisa des bénéfices considérables (1).

---

(1) Lorsque les actions furent portées à 8,000 livres, en 1668, et que le nombre des associés fut augmenté, un sieur Delaunay fut nommé caissier. — Nous ignorons quel était ce sieur Delaunay, nous remarquons seulement qu'une branche de la famille Ruel, qui a eu tant de part à l'établissement de la manufacture se faisait appeler de Launay Ruel. Les renseignements que nous possédons ne nous permettent pas de vérifier si, de cette ressemblance, on peut tirer quelque induction légitime.

Ces bénéfices ne firent qu'augmenter jusqu'en 1675, époque où expirait le monopole. Le privilége exclusif, accordé à la compagnie ne paraît pas avoir été renouvelé.

La cause de la liberté du travail, si vaillamment défendue par les dentellières d'Alençon, paraît donc avoir réussi à l'emporter sur le ministre tout-puissant d'un roi habitué à faire tout plier sous sa volonté. Les directeurs des manufactures de Points de France n'en continuèrent pas moins à jouir de priviléges importants, notamment de l'exemption des droits d'entrée et de sortie. Mais à partir de cette époque, le monopole absolu établi par Colbert n'exista plus, et stimulée par la concurrence, l'initiative privée réussit de nouveau à faire contribuer à la prospérité de la ville d'Alençon une industrie dont encore aujourd'hui elle est justement fière.

Au reste, on se tromperait si l'on pensait que le présent travail a pour but d'enlever à Colbert la gloire d'avoir contribué à transformer le Point d'Alençon par l'imitation des dentelles Italiennes. Il n'en est pas moins certain que l'initiative de ce perfectionnement remarquable appartient à Mme de la Perrière ; mais pour déterminer la part qui revient à celle-ci, il faudrait avoir sous les yeux des échantillons des ouvrages qu'elle fabriquait. Puisse le présent travail appeler sur cette question les recherches des collectionneurs et des hommes spéciaux (1).

Il me reste une tâche à remplir, que la découverte de documents assez nombreux rend plus facile, c'est de faire connaître les alternatives de prospérité et de décadence que cette fabrication eut à traverser depuis la fin du XVIIe siècle jusqu'au commencement du XIXe siècle, où le baron Mercier installa, en son château de Lonrai, la manufacture du Point d'Alençon dont la création a été attribuée par la légende au grand Colbert. L'influence de la révocation de l'édit de Nantes qui força tant de fabricants à s'expatrier et qui transplanta plusieurs branches de l'industrie française à l'étranger, tient une place importante dans son histoire. C'est ce que je me propose de traiter dans un second article.

Louis DUVAL.

(1) Je saisis cette occasion pour remercier M. de La Sicotière et M. Foucault, l'habile collectionneur de Flers, de l'obligeance qu'ils ont mise à me communiquer les précieux morceaux d'anciennes dentelles qu'ils possèdent.

PIÈCES JUSTIFICATIVES

I

L'enquête du 8 avril 1660 nous révèle le nom de quelques dentellières de cette époque :

Marie Ruel, fille de défunt Pierre Ruel, sieur de Piray, avocat, demeurant au faubourg Saint-Blaise d'Alençon, âgée de 25 ans, marchande de dentelles.

Madeleine Le Roy, femme de Thomas Ruel, sieur de la Croix, marchand, âgée de 25 ans, demeurant à Alençon dans la cour Cochon; elle dirigeait un atelier où 12 ou 14 jeunes filles, « étaient à travailler à faire de la dentelle. »

Françoise Racinet, âgée de 18 ans.

Anne Bazière, âgée de 19 ans, « aprentive. »

Magdeleine Hamard (1), 14 ans, ouvrière.

Marguerite Fierabras, 14 ans, ouvrière.

Anne Geneslé, 14 ans, ouvrière.

Elisabeth Blessebois, 13 ans, ouvrière.

Catherine Dubois, 14 ans, fille de Pierre Dubois, sieur du Hamel.

Françoise Dubois, 12 ans, fille de Pierre Dubois, sieur du Hamel.

Elisabeth Graffart, 15 ans.

Le procès pour injures entre Pichot et Foucher, en 1660, nous fait connaître les noms suivants d'ouvrières en vélin :

Marie Geslin, femme de' Jacques Judel, drapier du faubourg de Lancrel, 45 ans.

Marie Judel (2), 20 ans.

Jacquine Judel, 19 ans.

Perrine Baudore, 16 ans.

Madeleine Pichot.

(1) V. Contrat de mariage du 8 novembre 1663.
(2) V. Contrat de mariage du 7 janvier 1664.

II

Contrats de mariages de Dentellières, relevés dans les registres du Tabellionage d'Alençon. (Minutes de l'étude de Me RACINET, notaire).

(1633-1665).

—

Traité de mariage : de Michel Mercier, chirurgien, fils de défunt Guillaume Mercier et de feue Louise Berrier, avec Marthe Barbot, fille de Jean Barbot, procureur au siège présidial, et de Suzanne Hourdebourg, d'Alençon. « De la part dudict Jehan Barbot, a esté recogneu que Marthe Barbot, sa fille, a gagné et amassé par son industrie plusieurs deniers. » (18 mars 1633).

En l'église P. R. (1) de Samuel de Saint-Denis, procureur au bailliage et siège présidial, fils de feu Samuel de Saint-Denis et de Madeleine Outin, avec Marthe Quillet, fille de Abraham Quillet, sieur de la Chapelle, et de Marthe de Marcilly. « Laditte Marthe Quillet est saisye de deniers, contracts de constitution de rente, obligations, brevets et cédulles qui lui appartiennent, jusqu'à la valeur de la somme de 1,600 l. qu'elle a gagnez et amassez par son labeur et industrie. » (12 décembre 1635.)

En l'église P. R., de Thomas Collet, marchand, fils de défunt Thomas Collet et d'Esther Quilletel, avec Marthe Ruel, fille de Zacharie Ruel, marchand, et de Marie Lesage. « Laditte fille a entre les mains 120 l. en deniers et marchandises, provenant de son industrie et mesnage. » (21 décembre 1635.)

En l'église P. R. : de Samuel Gillot, tabellion à Alençon, fils de Samuel Gillot, contrôleur des deniers communs d'octroi de cette ville d'Alençon et de Marie Mussard, avec Elisabeth Le Rouillé, sieur de Monfoullon et de Jeanne Martin. « Laditte fille est saisye d'obligations et argent jusqu'à la somme de 1,600 l. qu'elle a gagnée et amassée par son labeur et industrie. 23 décembre 1644.)

(1) L'abréviation P. R., usitée dans tous les actes relatifs aux protestants, signifie *prétendue réformée.*

En l'église P. R. : de Samuel Lesage, marchand, fils de défunt Salomon Lesage et d'Esther Barrier, avec Jeanne Desprez, fille de Florent Desprez et de Jeanne Boullay. La future apporte la somme de : « 600 l. qu'elle a gagnez et amassez par son labeur et industrie. » (19 juin 1645.)

De Patrice Sohier, « estamier, fils de défunt Guillaume Sohier et de Marie Redoué, de la paroisse de Saint-Pavoise (1), près le Mans, » avec Suzanne Marchand, fille de Michel Marchand et de Marthe Hardouin, d'Alençon. La future apporte « 300 l. qui precèdent du pécule de ladite fille qu'elle a gagnez et amassez par son labeur et industrie. » (21 janvier 1647).

De Martin Gérard, maréchal, du fauxbourg de Lancrel, fils de défunt David Gérard et de Perrine Brindel, avec Barbe Cousdorge, fille de Louis Cousdorge, boullenger, et de Catherine Despierres. « Ladite Barbe Cousdorge a, par son travail et industrie, acquis et amassé la somme de 100 l. en argent et plusieurs bons meubles. » (16 février 1647).

De Pierre Boullay, marchand, fils d'Isaye Boullay, marchand, et de Madelaine Lelong, avec Elisabeth Rocher (2), fille de Jean Rocher, marchand et de Marie Lesage. « Ladite fille a gagné et amassé à faire des ouvrages de point de coupé, jusqu'à la somme de 1,100 l. en obligations. » (12 mai 1656).

De François Fresnaye, « marchand tenneur, » fils de Thomas Fresnaye et de défunte Catherine Allix, avec Gabrielle Poupart, fille de défunt Jean Poupart et de Suzanne Poullain sa veuve. « Ladite fille est saisye de la somme de 500 l. qu'elle a gagnez et amassez, par son bon mesnage, à faire des ouvrages de point de coupé et veslain. » (9 mars 1661).

En l'église P. R. : de Paul Fenouilhet, marchand, demeurant à Paris, fils de Jean Fenouilhet, aussi marchand et de Marie Fournette de la ville de Nîmes en Languedoc, avec Suzanne

(1) Saint-Pavace, arrondissement et canton du Mans, (Sarthe).
(2) Sa sœur, Marie Rocher, était mariée à Thomas Gilbert, son autre sœur Noémie Rocher avait épousé Gilles Taunay.

Barbot, fille de défunt Jean Barbot, vivant procureur au siège présidial et bailliage d'Alençon et de Suzanne Hourdebourg. « A ladite Suzanne Barbot appartient des meubles, en espèces, argent et obligations de la valleur de 6,000 livres tournois, qui sont provenues de son travail et industrie à faire des ouvrages de poinct deccupé (sic) et veslin qui sont de grand prix. » (28 août 1661).

En l'église P. R. : de Pierre Gillot, marchand, fils de Isaye Gillot et de Suzanne Ardesoif, avec Madeleine Gallois, fille de Mᵉ Pierre Gallois, sieur du Fresne, procureur au bailliage et siège présidial d'Alençon et de Madeleine Clouet. Le futur apporte la somme de 1,400 l. que ses père et mère lui ont ci-devant prêtée, « pour commencer son trafic et marchandise de draps de soye et merceryes, et dans lequel trafic il a gagné jusqu'à la somme 700 l. Ladite fille a gagné et amassé par son travail aux ouvrages et bon mesnage jusqu'à la somme de 500 l. » (31 mars 1662).

De Thomas Blanchard, « marchand roullier » du faubourg de Lancrel, avec Louise Alloust, veuve de Mathurin Voisle. « La ditte Alloust a pour plus de 4,500 l., tant deniers comptant que marchandises de veslin, meubles et ustenciles de la boutique de maréchal que ledit Voisle exerçoit. » (9 juin 1662.)

En l'église P. R. : de Claude Martel, escuier, sieur du Boullay, gendarme de la compagnie du roi, avec Marie Bonvoust, fille de Mᵉ Claude Bonvoust, sieur de la Motte, avocat au bailliage et siège présidial. La future déclare posséder la somme de 1,000 l. « de son chef, en meubles, comme chaires de tapisserie et autres ouvrages et linge et argent. » (3 juillet 1662).

De Jean Gautier, marchand, fils de défunt Jean Gautier, marchand et de Françoise Bizot, avec Françoise Roussetel, fille de Mᵉ René Roussetel, huissier au Bureau des finances d'Alençon et de Françoise Poullain. « Ladite fille est saisye de la somme de 300 l. qu'elle a gagnée et amassée à faire des ouvrages de point de couppé et veslain. » (1ᵉʳ août 1662.)

De Marc Launay, menuisier, fils de défunt Fleury Launay et

de Jeanne Gilbert, demeurant à Morteaux, vicomté de Falaise, avec Marie Langlois, fille de Jean Langlois, menuisier, et de défunte Marguerite Collet, d'Alençou. « Laditte fille a jusqu'à la somme de 300 l. qu'elle a gagnée et amassée par son labeur et bon mesnage à faire ouvrages de veslin. » (1er décembre 1662,)

De Jean Boul, marchand, fils de Laurent Boul et de Madelaine Daguin, avec Marthe Bienvenu, fille de Christofle Bienvenu et de Marie Julliot, de Montsor, le contrat mentionne la somme de « 150 l. que laditte fille a gagnez et amassez à faire des ouvrages. » (17 mai 1663.)

De Georges Rouillon, greffier au bailliage et siège présidial d'Alençon, fils de défunt Me Pierre Rouillon, greffier aux dits sièges et de Marthe Tabur, avec Marie Le Roy, fille de défunt François Le Roy, « potager de la maison du roi » et de Anne Guitel. La future apporte quatre chaires de tapisserie, avec un fauteuil de même et une table, estimés 150 l., et déclare avoir « par son industrie et bon mesnage à faire les ouvrages de Point d'Alençon, gagné et amassé jusque à la somme de 1,900 l. » (9 juin 1663.)

En l'église P. R. : de Thomas Collet, sieur des Communes, marchand, fils de Benjamin Collet et de Madelaine Houssemaine, avec Anne Farcy, fille de défunt Me François Farcy, orfèvre, et de Suzanne Boullay. « Et d'autant que laditte Farcy a gagné et amassé par son travail et traffic aux ouvrages de veslin et bou mesnage, jusqu'à la somme de 4,100 l. » (5 juillet 1663.)

De François Leconte, sieur de Saint-Germain, fils de défunt Me Jean Leconte et de Elisabeth Lemaistre, avec Marguerite Sohier, fille de défunt Me François Sohier, procureur au bailliage et siège présidial d'Alençon et de Marguerite Leconte. « Laditte fille a gagné et amassé à faire du veslain et autres ouvrages jusqu'à la somme de 1,400 l. en deniers comptants. » (16 juillet 1663.)

En l'église P. R. : de Jean de Boiville, marchand, fils de défunt Me Jean de Boiville, sieur de Longchamp, conseiller, assesseur en la Vicomté, et de Marthe Vavasseur, avec Madelaine Leconte, fille de Guillaume Leconte, sieur des Rochers, et de défunte Elisabeth Boullay. « Laditte fille a de son chef en deniers, rentes, obligations marchandises de veslain plus de 2,200 l. qu'elle a gagnez et amassez à faire des ouvrages. » (20 septembre 1663).

De Jacques Blessebois, marchand, fils de défunt Jacques Blessebois et d'Elisabeth Fortin, avec Françoise Cherbonnier, fille de défunt Me René Cherbonnier, procureur au bailliage et siège présidial et de Marie Jouenne. « Déclarant laditte fille qu'elle a gagné et amassé à faire des ouvrages la somme de 800 l. » (27 septembre 1663).

En l'église P. R. : de Estienne Le Vasseur, marchand, fils de Salomon Le Vasseur et de défunte Marthe Rouier, avec Madelaine Tirault, fille de Salomon Tirault, sieur de la Chauvinière et de Madeleine Herbron. « Icelle fille a gagné et amassé à faire des ouvrages par son bon mesnage, jusqu'à la somme de 800 l. » (5 novembre 1663.)

De Vincent Sauveur, fils de Gédéon Sauveur et de Charlotte Lucas, natifs de Larré, avec Madelaine Hamard, fille de Sébastien Hamard et de Marie Laisné, du faubourg Saint-Blaise. « Le contrat fait mention de 300 l. a quoy a esté apprécié plusieurs meubles, deniers et brevets de bestiaux dont laditte fille est saisye et qu'elle a gagnez et amassez par son bon mesnage à faire des ouvrages de veslain. » (8 novembre 1663).

De Mathieu Marignier, fils de défunt Hébert Marignier et de Elisabeth Louis, avec Marie Defaulx fille de Jacques Defaulx, marchand et de Phélicienne Dunoyer. « Laditte fille a gagné et amassé à faire des ouvrages et par son bon mesnage, la somme de 1,170 l. » (24 novembre 1663).

De Pierre Goupil, « rouier, » fils de défunt Olivier Goupil et Marguerite Groustel, à présent femme de Blais Paris, demeurant à Valframbert, avec Catherine Martin, fille de Mathurin Martin et de Catherine Chappelain, demeurant à Courteilles, faubourg d'Alençon. La future apporte 200 l. en meubles et 300 l. « qu'elle a gagnez et amassez à faire des ouvrages de veslain. » (29 novembre 1663).

De Gatien Mauger, fils de défunts Jean Mauger et de Marie Fouqueron, avec Barbe Ruel, fille de défunt Pierre Ruel, sieur de Piré, avocat au bailliage et siège présidial d'Alençon et de Françoise de Seronne. « Laditte Ruel est saisye de la somme de 2,000 l. en deniers et de plusieurs meubles et ouvrages de veslain. » Jacques Ruel, procureur au bailliage et siège présidial, Jean Ruel, marchand, frères de la future et Thomas Ruel, sieur de la Croix, son cousin, étaient présents au contrat. (21 décembre 1663).

De Jacques Pasquier, marchand, fils de défunt Macé Pasquier et de Judith Legeleux, avec Thomine Boussin, fille de défunts Jean Boussin et de Madelaine Ferreur. « Laditte fille est saisye de meubles et argent qu'elle a gagnez et amassez à faire des ouvrages de velin jusqu'à la somme de 600 l. » (29 décembre 1663.)

En l'église P. R. : de Jacques Marchand, fillotier, fils de Guillaume Marchand et de Marie Vallée, demeurant à Courteilles, faubourg d'Alençon, avec Marie Judel, fille de Jacques Judel et de Marie Geslin, du faubourg de Lancrel. Laditte fille est saisye de la somme de 200 l. en argent et de meubles en espèces de la valleur de 100 l. et plus, « lesquelles choses ont esté gagnez et amassez par laditte fille par son travail à faire des ouvrages de veslin. » (7 janvier 1664).

De Nicolas Gilbert, sieur de la Gaignardière, marchand, de la paroisse de Mieuxcé, fils de défunt Abraham Gilbert et de Catherine Parent, demeurant à Montsor, avec Françoise Gérard, fille de Me Pierre Gérard, avocat au siège présidial et bailliage et de demoiselle Madelaine de Saint Patrice, demeurant au lieu de Bourdon, paroisse de Lonrai. « Laditte fille a gagné et amassé la somme de 400 l. à faire des ouvrages de veslin. » (10 janvier 1664).

De Pierre Péan, le jeune, fils de Pierre Péan et de Madelaine Lefébure, avec Marie Dodré, fille de défunt Charles Dodré et de Marie Le Simple. Sur 600 livres qu'elle apporte à son mariage, une partie a été « gagnée et amassée par laditte fille, par son travail à faire des ouvrages. » (9 février 1664).

De Sébastien Lolivrel, fils de défunt Michel Lolivrel, chirurgien et de Marie du Boys, demeurante à Boucé, avec Anne Rouillon, fille de défunt Abraham Rouillon et d'Anne Le Nostre. « Laditte fille a gagné et amassé par son industrie et travail, jusqu'à la somme de 400 l. à faire des Points d'Alençon. » (20 février 1664.)

De Pierre Sauveur, « tessier en toilles, » fils de défunt Pierre Sauveur et de Anne Daguin, avec Louise Petit, fille de Philippes Petit et de Marie Fougé, de la paroisse de Saint-Germain-de-Livet, diocèse de Lisieux. Le contrat mentionne « 200 l. que laditte fille a gagnez et amassez par son bon mesnage à faire des ouvrages. » (23 février 1664.)

De Me Pierre Camusat, sieur de Sainte-Croix, huissier au grenier et magasin à sel, fils de défunt Me Charles Camusat, greffier audit grenier et de Marie Bourelier, avec Madeleine Dubois, fille de Jérémie Dubois, greffier de vicomté à Alençon et de Geneviève Duclot. La future apporte 1,200 l. dont 800 l. « qu'elle a gagnez à faire des ouvrages de veslin et autres. » (23 février 1664.)

De Cristofle Gossard, sieur de Fontaines, marchand, fils de défunt Gilles Gossard et de Barbe le Charpentier, avec Lucasse Desnos, fille de défunt Jean Desnos et de Chardine Deshayes. Sur le contrat figure « la somme de 600 l. que laditte fille a gagnée et amassée par son travail à faire des ouvrages. » (2 mars 1664.)

D'Israël Duval, fils de Thomas Duval, sieur de Hauteclair et de Louise du Hamel, avec Elisabeth le Rouillé fille de Isaac le Rouillé, apothicaire et de Madelaine Besnard. « Laditte fille a, depuis plusieurs années, travaillé et trafiqué aux ouvrages de veslin, et oultre son entretien, auquel elle a toujours satisfaict, a gagné et amassé la somme de 4,000 l. » (4 mars 1664.)

De François Mauger, fils de défunt François Mauger, et de Jeanne Sardin, avec Catherine Guilpin, fille de Geoffroy Guilpin, bourrelier, et de Françoise Montullé. La future apporte 300 l.

« qu'elle a gagnez et amassez à faire ouvrage de veslin. » (10 mars 1664.)

En l'église P. R. : de Jean Courtoys, demeurant à Alençon, fils de Jean Courtoys et de Marthe Levesque, demeurant à Saint-Aubin-d'Appenai, avec Anne Cardel, fille de défunt Isaac Cardel et de Louise Benoche, d'Alençon. « Laditte fille est saisye de la somme de 200 l. en argent et pour 100 l. de meubles gagnez et amassez par son travail à faire des ouvrages. » (11 mars 1664.)

D'Esaye Ferault, sieur du Montier, fils de Noël Ferault, sieur de Giberville, conseiller du roi et son procureur aux eaux et forêts d'Alençon et de demoiselle Gabrielle le Hayer, avec demoiselle Françoise de Seronné, fille de François de Seronne, sieur d'Escures et de défunte demoiselle Françoise Bouvet. « Laditte damoiselle Françoise de Seronne est saisye de la somme de 3,000 l. en argent monnoyé, qu'elle a gagné et amassé par son travail et bon mesnage aux ouvrages de Point d'Alençon. » (5 mai 1664.)

De Richard Martin, marchand sellier, fils de Richard Martin et de Marie Radigue, avec Suzanne Bouillon, fille de Guillaume Bouillon, sieur du Moulin-Neuf et de Marie Laudier, du faubourg de la Barre. « Laditte fille est saisye de la somme de 200 l., qu'elle a gagnez et amassez par son bon mesnage à faire ouvrages de veslain. » (5 octobre 1664.)

De François Le Maire, marchand filotier, demeurant au faubourg de la Barre, fils de défunts Joachim Le Maire et de Michelle Louvet, vivants, de la paroisse de Barville, avec Renée Seurin, fille de Charles Seurin et de Marthe Pigore, d'Alençon. « A laditte fille appartient la somme de 400 l., qu'elle a gagnée et amassée par son travail à faire de l'ouvrage de veslin. » (9 novembre 1664.)

De Me François Bouillye, commis au greffe du siège présidial et bailliage d'Alençon, fils de Grégoire Bouillye, cordonnier, et de défunte Anne Barré, avec Françoise Fagry, fille de défunt Me Jean Fagry, huissier, et de Anne Gilbert. La future apporte la somme de 300 l. « qu'elle a gagnée et amassée à faire des ouvrages de veslin. » (12 novembre 1664.)

De Gilles Enjubault, marchand, fils de défunt Gilles Enjubault et de Françoise Gousde, sa veuve, demeurant à Lonrai, avec Anne Clouet, fille de défunt Mᵉ Paul Clouet, huissier, et de Marguerite François. « Laditte fille est saisye de la somme de 1,500 l. en deniers, brevets et marchandise de veslin, qu'elle a gagnez et amassez par son bon mesnage et industrie. » (29 décembre 1664.)

De René Guilloré, marchand, fils de défunt Jean Guilloré et de Louise Marignier, avec Marie Richer, demeurant à Alençon, fille de Jacques Richer et de Marie de la Haye, de la paroisse de Trans, pays du Maine. « A laditte fille appartient des meubles en espèces et argent, de la valleur de la somme de 150 l. qu'elle a gagnez et amassez par son travail à faire des ouvrages de veslin. » (4 janvier 1665.)

De Guillaume Mardelay, marchand, fils de défunt Jean Mardelay et de Elisabeth Davarant, à présent femme de Louis Aubert, avec Marguerite Ollivier, fille de défunt Pierre Ollivier et de Catherine Mercier, sa veuve. » Laditte fille a en deniers et aucuns meubles la somme de 300 l. qu'elle a gagnez et amassez par son bon mesnage à faire ouvrages de veslain. » (15 mars 1665.)

De Robert Leroux, marchand filotier, fils de défunt Jean Leroux et d'Elisabeth Duchesnay, sa veuve, avec Jacquinne Judel, fille de Thomas Judel et de Suzanne Tirault. « Laditte fille a en meubles et deniers, qu'elle a gagnez et amassez par son bon mesnage à faire ouvrages de veslin, jusqu'à la valeur de la somme de 300 l. » (12 avril 1665.)

En l'église P. R. : de Jacques Rousseau, tailleur d'habits, fils de défunt Pierre Rousseau, cordonnier, de la ville de Loudun en Poitou et de Judith Guérin, sa veuve, avec Madeleine Besnier, fille de deffunt Thomas Besnier et de Madeleine Trolet, d'Alençon. « Laditte fille a gagné et amassé par son bon mesnage à faire ouvrages de veslin, jusqu'à la somme de 200 l. » (31 mai 1665.)

De Pierre Eliot, filotier, fils de Vincent Eliot et de défunte Anne Picard, avec Louise Bougis, fille de défunt Gervais Bougis et de Anne François, sa veuve. « Ladite fille est saisye de meubles, argent, obligations, cedulles et marchandises de veslin, jusqu'à la valeur et estimation de la somme de 700 l., qu'elle a gagnez et amassez par son bon mesnage depuis qu'elle travaille aux ouvrages de veslin. » (7 juin 1665.)

De Michel Decaen, « marchand tenneur, » avec Gabrielle Jouenne, fille de Jean Jouenne, charpentier, et de Françoise Petit. « Laditte fille est saisye de la somme de 400 l. qu'elle a gagnée et amassée par son labeur et bon mesnage à faire ouvrages de veslain. » (14 juin 1665.)

De Michel Mercier, filotier, fils de défunt Balthazard Mercier et de Marie Despierres, avec Anne Chastelion, fille de défunt Jean Chasteillon et de Françoise Lecreux, sa veuve. « Ladite fille est saisye de la somme de 30 l. qu'elle a gagnez et amassez à faire ouvrages de veslain. » (28 juin 1665.)

De Thomas De la Ville, filotier, fils de défunt Gabriel De la Ville et de Marie d'O, sa veuve, avec Jeanne Noyer, fille de défunt Michel Noyer et de Louise Belot. « Laditte fille est saisye de la somme de 300 l. qu'elle a gagnez et amassez à faire ouvrages de veslain. »)28 juin 1665.)

De Maurice Gastinay, maréchal, du faubourg de Lancrel, avec Françoise Vignon, fille de François Vignon, serrurier et de Françoise Boissière. « Laditte fille est saisye de la somme de 1,000 l. qu'elle a gagnez et amassez à faire ouvrages de veslain. » (28 juin 1665.)

De Nicolas Marignier, fils de défunt Jean Marignier et de Catherine Marchand, à présent femme de Pierre Champfailly, avec Louise Alloust, fille de Charles Alloust et de Louise Filloche. Il y est fait mention de 500 l., que laditte fille a « gagné et amassé par son bon mesnage et industrie au trafic de veslin. » (5 septembre 1665.)

De Pierre Deslié, cordonnier, avec Marie Marchand, fille de Jacob Marchand et de Renée Hébert. « Laditte fille est saisye de la somme de 200 l., qu'elle a gagnez et amassez par son labeur et travail à faire ouvrages de veslain. » (20 septembre 1665.)

De Georges Hommey, sieur de Mehérent, fils de défunt Mᵉ Pierre Hommey, sieur de Méhérent et de Louise Blondel, de St-Julien-sur-Sarthe, avec Marguerite de Boislambert, fille de Mᵉ Pierre de Boislambert, procureur au siège présidial et bailliage d'Alençon et de Charlotte Prodhomme. « Laditte fille a gagné et amassé, de l'argent, obligations et meubles, de la valeur de la somme de 800 l., par son travail à faire des ouvrages de veslin. » (24 septembre 1665.)

De François Esnault, fils d'Etienne Esnault et de Marie Bougis, avec Jeanne De la Court, fille de Jacques De la Court et de Perrine Thoretton. « Laditte fille a gagné et amassé, par son labeur et travail à faire ouvrages de veslain, la somme de 70 l. » (29 septembre 1665.)

De Henri Hamel, marchand, fils de défunt Henri Hamel et de Marie Ramon, avec Françoise Guitard, sieur de la Pierre et de défunte Françoise Lemaistre. « Laditte fille est saisye de la somme de 100 l., qu'elle a gagnez et amassez par son bon mesnage à faire ouvrages de veslain. » (22 octobre 1665.)

De Nicolas Mallard, filotier, fils de défunt Jessé Mallard et d'Elisabeth Gilbert, du faubourg de Saint-Isige d'Alençon, avec Françoise Paisant, demeurant à Alençon, fille de défunt Robert Paisant de la paroisse d'Assé-le-Boisne et de Marie Legendre. Il est fait mention de la somme de 200 l., « que laditte fille a gagnée et amassée par son travail à faire des ouvrages de veslin. » (15 novembre 1665.)

De René Goupil, sieur des Essards, marchand, fils de Gilles Goupil, bourgeois d'Argentan et de Marguerite Thouars, avec Madeleine Farcy, fille de défunt François Farcy, orfèvre, et de Suzanne Boullay, d'Alençon. Dot... « jusqu'à la concurrence de la somme de 4,000 l., que laditte Farcy a dit avoir en argent ou meubles et ouvrages de veslin. » (16 novembre 1665.)

De Jacques Bonnissan, marchand, fils de défunt Jacques Bonnissan et de Françoise Fossard, de la ville de Mamers, avec Marie Poullain, la jeune, fille de René Poullain, sieur de la Gaucherie, « hostellier du More, » au faubourg de la Porte de Sées, et de défunte Jeanne Massot, sa première femme. « Laditte fille a jusqu'à la valleur de la somme de 1,500 l. en deniers, qu'elle a gagnez et amassés par son bon mesnage à faire ouvrage de veslin. » (28 décembre 1665.)

De Denis Boullay, drapier, avec Marie Huet, fille de Guillaume Huet, passementier, et de Barbe Mannoury. « Laditte fille a gagné et amassé par son bon mesnage à faire ouvrage de veslin la somme de 200 l. » (29 décembre 1665.)

De Jacques Maulny, cordonnier, fils de Lucas Maulny et de Madelaine Daguin, avec Madelaine Presteseille, fille naturelle de Jacques Presteseille et de Marie Hébert. « A laditte fille appartient de l'argent et meubles de la valeur de la somme de 250 l., qu'elle a gagnez et amassez par son bon mesnage et son travail à faire des ouvrages de veslin. » (1er janvier 1666.)

De Guillaume Fresnaye, « courayeur, » fils de défunt Thomas Fresnaye et de Catherine Allix, avec Marthe Corbineau, fille de Gilles Corbineau, « maistre masson sculpteur, » et de Marie Richer. « La ditte fille a jusqu'à la somme de 100 l. en deniers, qu'elle a gagnez et amassez par son bon mesnage à faire ouvrage de veslin. » (16 janvier 1666.)

De Jean Leboullenger, marchand, de la paroisse de Lonrai, avec Elisabeth Vaillant, fille de défunt Me Claude Vaillant, docteur en médecine et de Madeleine Guillaume. « La ditte fille est saisye de la somme de 1,000 l. qu'elle a gagnez à faire des ouvrages de veslin et Point d'Alençon. » Robert Leboullenger, curé de Lonrai, cousin du futur, s'engage à nourrir, entretenir et loger les futurs mariés, « autant de temps qu'ils pourront compatir ensemble, et qu'ils auront soin de son mesnage, mesme l'assister de tout leur pouvoir. » (17 février 1666.)

De Philippe Lorphelin, « tessier filotier, » demeurant à Courteilles, faubourg d'Alençon, fils de défunt François Lorphelin et Marguerite Hiboust, sa veuve, avec Marthe Gougeon, fille de Pierre Gougeon, tailleur d'habits, et de Catherine Bougis. « La ditte fille est saisye de la somme de 80 l., qu'elle a gagnée par son labeur et bon mesnage à faire ouvrages de veslin. » (18 février 1666.)

De Pierre Lecouturier, marchand, fils de défunt Guillaume Lecouturier et de Anne Dubois, sa veuve, avec Marthe Gaultier, fille de Michel Gaultier, marchand ciergier, et de défunte Catherine Leconte. La ditte fille est saisye de la somme de 200 l., qu'elle a gagnée par son labeur et bon mesnage à faire ouvrages de veslain. » (20 février 1666.)

De Constant Mériel, marchand, demeurant à Alençon, au faubourg de la Porte de Sées, fils de Jean Mériel et de Michelle Marye, de la paroisse de Saint Pierre de Sées, avec Elisabeth Lebreton, fille de François Lebreton et de Françoise Lecreux. Il est fait mention d'une somme de 200 l. et de celle de 100 l. « que laditte fille a gagnez et amassez par son travail à faire ouvrages de veslin. » (28 octobre 1666.)

III

Extraits de la correspondance de l'Intendant d'Alençon.

—

De Marle, intendant, à Colbert.

D'Alençon, ce 2 décembre 1666.

..... Il y a en ceste province, principalement à Mortagne et à Argentan, des hospitaulx dont le revenu a esté jusqu'à présent très mal conduit par le mauvais mesnage des directeurs, partie rendans leurs comptes par-devant les juges des lieux, qui sont quelquefois leurs parens, et les autres ne les rendant jamais. Le peuple ne reçoit pas de ces establissemens tout le profit qu'il en pourroit espérer. Je crois que vous pourriez remédier à ces abus, si vous jugiez à propos d'ordonner, par un arrest du conseil, que j'en serois directeur général, et que j'establirois, conjointement avec les officiers des lieux, des bourgeois solvables, et qu'en ma présence les comptes en seroient examinés sans frais. A l'esgard des hospitaulx qui ont quelque revenu, j'en destinerois la moitié pour faire apprendre des petites filles orphelines ou misérables à travailler au veslin; en deux ou trois ans, nous aurions en nos bureaux quantité d'ouvrières, et j'espererois faire réussir nostre manufacture plus advantageusement qu'aucune autre. L'utilité que le public en recevroit par cette voye la feroit souhaitter de tout le monde et nous mettrions les filles et les femmes en estat de gagner plus que les hommes : ce qui produiroit beaucoup de soulagement dans les petites familles, qui sont obligées de subsister du seul gaing du mary ; et en cela je crois travailler selon vos intentions. *(Depping, t.3, p. 793.)*

---

18 *avril 1667.*

L'application continuelle que vous avez pour le bien public vous a obligé de me faire l'honneur de m'escrire plusieurs fois que vous souhaittiez que les manufactures de bas de layne et des serges de Londres, qui sont en la généralité de Caen, fussent aussi établies en quelques villes de ceste Généralité. Je me deroberay quelques jours de mes occupations ordinaires pour en aller voir les establissemens à Caen et en sçavoir toutes les particularitez, et ensuite je mesnageray toutes choses autant que les dispositions des lieux le pourra permettre.

Deux des intéressés de la manufacture des poincts de France sont présentement à Alençon ; je tasche à les instruire de toutes les choses qui regardent leurs interests, afin que lorsque l'on leur escript j'en puisse avoir des réponses justes, et je vous supplie d'y faire apporter cet ordre, que tous les interessez se partagent en plusieurs bureaux, et qu'une mesme personne vienne tous les ans à Alençon et qu'il soit chargé de la conduite, dont il rendra compte à la compagnie ; et si Messieurs les interessez veulent se donner la peine de me faire response aux lettres que je leur escriray, j'ose me flatter que de temps en emps vous y trouverez un changement considérable.

Je crois que vous serez satisfaict d'un mouchoir que je prends la liberté de faire présenter à Mme la duchesse de Chevreuse (1), et j'espère de votre justice que vous advouerez que notre manufacture est la meilleure de toutes celles qui sont establies. Les intéressez vous rendront aussy tesmoignage que la police et l'ordre y sont observez très exactement....... *(Ibid.*, t. 3, p. 794.)

Alençon 11 avril 1669.

L'exactitude que l'on a apporté jusqu'à présent à faire la recherche dans les maisons particulières pour empescher les contraventions à la déclaration du roy et arrest de son conseil, touchant l'establissement des manufactures des points de France, a obligé presque tous ceux qui sont dans l'esprit de désobéissance de rechercher le secours des maisons religieuses pour faire le débit de leurs ouvrages. Il y a longtemps que j'en ay eu advis ; mais inutilement, les priviléges des monastères ne pouvant pas permettre que l'on y fasse les visites, et on a mesme esté obligé d'en dissimuler les contraventions. Cependant, comme il estoit de conséquence d'empescher le cours de ces désordres, qui diminuoient de beaucoup le nombre des ouvrières, on s'est advisé de faire passer un particulier, envoyé de la part des interessez à la manufacture, pour un marchand estranger qui cherchoit des ouvrages à achepter. Il fut conduit samedy dernier, entre neuf et dix heures du soir, au couvent des religieuses Bénédictines du faulxbourg de Montsort, par la femme du nommé Dubois, peintre, demeurant à Alençon. Dans cette maison religieuse, on lui vendit six mouchoirs et une cornette, le tout 472 l., dont il lui fut donné une facture non signée sous le nom d'estoffes vendues et deslivrées. Au sortir de cette maison, la femme de Dubois, peintre, fut arrestée à onze heures du soir et amenée devant moy. L'ayant interrogée, elle reconnut la vérité de la chose, et qu'elle avoit porté un mouchoir à ces religieuses pour vendre, mais qu'il estoit resté dans le couvent, parce que ce marchand ne l'avoit pas voulu achepter, ne l'ayant pas trouvé assez beau. Lundy dernier, j'en allai faire mes plaintes aux supérieures de ceste maison, qui sont

(1) Fille de Colbert.

les dames de Nonant, belles-sœurs de M. le comte de Chamilly, dans la pensée de trouver quelque expédient pour accommoder cette affaire, à cause du privilége de l'église, qui pourroit faire du bruit, et de la recommandation de M. le comte de Chamilly, que le roy considère beaucoup. Ces dames de Nonant me parurent d'abord bien intentionnées ; mais après en avoir conféré avec ceux qui leur avoient donné ces mouchoirs à vendre, elles changèrent de sentiment et soustinrent que tout cela estoient des suppositions inventées par leurs ennemys et ceux de la manufacture. *(Ibid. liv. 11 requeste.)*

Cependant M., quoyque vous ayez la bonté de vous reposer entièrement de toute la conduite de la manufacture sur les soings que je suis obligé de prendre pour satisfaire à vos ordres, j'ai cru que je ne devais pas rendre aucun jugement en ceste affaire sans vous en donner advis, et après vous avoir représenté que l'esclat qu'elle a fait la rend de très grande conséquence pour la manufacture, et que mon advis seroit seulement de condamner les religieuses à rendre les 472 l. qu'elles ont receues, sauf leur recours contre ceux qui leur ont donné ces ouvrages à vendre. Je crois aussy estre obligé de vous faire sçavoir que ceste religion dépend pour le spirituel de M. l'evesque du Mans. *(Ibid. t. 3, p. 795.)*

25 novembre 1669.

Encore que par la déclaration du 14 aoust 1665 les intentions du roy soyent seulement d'interdire le commerce des poincts de Venise et des autres pays estrangers, laissant aux marchands la liberté de vendre et de débiter le poinct de Paris et autres non faicts sur les dessins et patrons de la manufacture, et que S. M. ayt encore eu la bonté de permettre aux particuliers de travailler pour leur usage aux ouvrages de poinct de Paris avec tissu et cordonnet sans aucune broderye, suivant l'arrest du Conseil du 8 novembre 1667, néanmoins ces deux articles, quoyque très justes, nous traversent un peu dans nostre manufacture, en diminuant le nombre de nos ouvrières, parce que les marchands ayant la liberté de vendre publiquement le poinct de Paris, nous desbauchent secrètement nos ouvrières ; à quoy ils

ont d'autant plus de facilité, que, lorsque l'on faict des visites et
que l'on trouve des filles travaillant au poinct de Paris, il est impossible de justifier contr'elles que ce n'est point pour leur usage,
et après elles trouvent des biais et des moyens pour le vendre aux
marchands que l'on ne peut descouvrir. Je sçais bien que la liberté publique des marchands et des particuliers vous demande
que vous ayez la bonté de leur continuer la grâce portée par cette
déclaration et par cest arrest du Conseil ; mais aussy l'interest
particulier de nostre manufacture, dans lequel le bien public se
trouve aussy engagé, vous sollicite de retrancher ces grâces particulières dans les lieux de son establissement.

Je me sens encore obligé de vous dire que Messieurs de la manufacture, dans la passion qu'ilz ont de perfectionner les ouvrages
pour vous marquer leur application continuelle à exécuter vos
ordres, se rendent un peu trop difficiles aux meschans ouvrages ;
sur quoy j'estime que l'on doibt tenir ceste conduite à l'esgard des
personnes capables de bien faire et qui par négligence veulent
bien se relascher, mais non pas à l'esgard de celles qui n'ont pas
l'adresse de la main pour y réussir heureusement, afin que tout le
monde y puisse gagner sa vie. Et si ces meschans ouvrages n'ont
point débit à Paris, il sera facile de s'en desfaire à nos foires, en
sorte que les intéressez ne s'en trouvent point chargez.

Permettez-moy aussy, M., de vous envoyer le procès-verbal que
vous m'avez ordonné de dresser touchant la saisye de deux morceaux de poinct de France qui a este faicte à Nogent, dans la
maison du sieur Lefébure, porte-manteau du roy. J'espère que
vous trouverez que je n'ay en cela faict que suivre les termes des
arrests du Conseil, lesquels seront tousjours la règle de toute ma
conduite. *(Ibid., t. 3, p. 797.)*

DEUXIÈME PARTIE

Il est aujourd'hui bien établi que le Point d'Alençon n'est nullement une *création de Colbert, comme on l'a répété depuis Odolant Desnos,* que le château de Lonrai n'a rien à voir avec la manufacture royale créée par ce grand ministre (1) et que Thomas Ruel n'a pas joué dans cet établissement le rôle qu'on lui a attribué.

Je crois avoir réussi à placer ces points désormais hors de contestation, en mettant en lumière des documents qui permettent de rétablir la vérité des faits défigurés par la légende et qui expliquent en partie les erreurs que des traditions transmises de bouche en bouche, avaient fini par accréditer. J'ai expliqué notamment comment la famille Ruel, sans jouer le rôle prépondérant que lui attribue Odolant Desnos, a été mêlée à l'établissement de la manufacture royale des Points de France à Alençon. Quant à la dame Gilbert, jusqu'ici je n'avais rien trouvé de satisfaisant, lorsqu'en faisant le dépouillement des liasses provenant du bailliage d'Alençon, j'ai découvert un dossier de procédure dans lequel le nom de cette dame est mentionné et qu'il me paraît utile d'analyser.

Le 28 mai 1678, vers six heures du soir, une rixe eut lieu, derrière les jardins du faubourg de Lancrel, entre François de Lonlay, Gilles de Barville et plusieurs autres écoliers du collège des jésuites et le sieur Ernouville, un des employés de la manufac-

---

(1) Aux auteurs modernes qui ont placé à Lonrai le bureau de la manufacture des Points de France, il faut ajouter M. Alam S. Cole (*Les dentelles anciennes.* Traduit par Ch. Haussoullier. Paris, veuve A. Morel, 1878, in-4°).

ture (1). Une des femmes, témoins de la querelle, s'empressa d'aller prévenir René Provost le jeune, dit Provotière, sieur de la Bellière, qui avait la direction du bureau, en l'absence de Jacques Provost. Le 28 mai étant un samedi, dernier jour du mois, René Provost était en ce moment occupé à faire la paye aux ouvrières employées à la fabrication du point. Apprenant que l'on maltraitait son cousin Ernouville « derrière les murs de l'enclos du défunt sieur de la Besnardière », il y courut avec quatre commis du bureau, Chadeneau, Bougis, Boismorel, et Hubert (2). Bénigne Camusat, autre commis de la manufacture raconte ainsi ce qui se passa alors :

« La demoiselle Jence (3), qui demeure aussy audit bureau luy ayant fait cognoistre qu'il estoit à propos d'envoyer les ouvrières qui étoient pour lors audict bureau, parce qu'il estoit déjà tard et qu'elle payeroit en sa place, elle l'exhorta passer de l'autre costé de la salle où ils estoient, afin d'escrire le nom des ouvrières, en la place de l'un des commis qui estoit sorty. Ce qu'ayant fait, et estant à escrire, la dame Gillebert, du forbourg de Mont-

(1) Nous avons vu (p. 123), que la maison où fut établi le bureau de la manufacture du Point de France à Alençon appartenait à Pierre Duval, sieur des Acres et était située sur le carrefour de la Chaussée. L'emplacement de cette maison nous est indiqué d'une manière précise par le récit d'une scène qui eut pour théâtre la rue étroite, appelée la Chaussée, située entre la *Briante* et la manufacture.

Le jeudi 12 mars 1671 Nicolas Mercier, valet domestique de Nicolas Mercier, son frère, de la paroisse de St-Nicolas-des-Bois, conduisait un fût de cidre à l'hôtellerie de l'*Eschappatoire* ou de la *Croix d'Or*, proche de Saint-Léonard. « Sur la Chaussée, conduisant à la place de devant le bureau de la manufacture, bornée d'un costé de ladite manufacture et de l'autre costé de la rivière de *Briante* », la voiture rencontra le fils de Jacques Gauquelin, fermier, qui conduisait du grain au moulin et le renversa avec son âne. La voiture passa sur le corps de l'enfant qui eut les deux bras cassés. De là, clameur de haro et information faite au bailliage.

(2) Les registres de l'état civil d'Alençon, nous fournissent quelques autres indications qui aident à reconstituer le personnel de la manufacture :

Le 21 juillet 1669, baptême de Claude, fils de René Prevost et de Marie Leprou ; le parrain Claude Bastonneau, « intéressé au bureau de la manufacture », la marraine Louise Prevost.

Le 29 janvier 1672, baptême de Gabriel Jacques, fils de Jacques Nase et de Marie Levêque ; le par... .in Gabriel Jance, fils du sieur Jance, « commis au bureau de la manufacture d'Alençon » ; la marraine Magdelaine Camusat. Le parrain a dit ne savoir signer, à cause de sa grande jeunesse.

(3) Ce nom de *Jance* (écrit ailleurs *Jence*, dans une enquête signée par Gabriel Gence), qui n'est pas du pays, ne serait-il pas celui d'une des dentellières que Colbert avait fait venir d'au-delà des monts ? On pourrait le supposer. — On doit observer encore que le nom de *Nase* a une physionomie plus italienne que française.

sort, seroit aussy survenue, laquelle lui auroit dit qu'il debvoit aussy aller avec ledit Provost et autres dudit bureau, pour empescher qu'il ne se passast aucun désordre. Ce qu'il creut estre obligé de faire. »

Suit le récit d'une seconde bataille provoquée par l'arrivée de ce renfort.

Cette déposition nous apprend non seulement que la dame Gilbert (1), du faubourg de Montsor, était une des dames qui surveillaient le travail des ouvrières, mais que la manufacture elle-même était alors en pleine prospérité, puisque le nombre des employés du bureau était de six, sans compter le directeur et les maîtresses dentellières.

Ces renseignements concordent avec ceux que nous possédons sur la situation générale des manufactures royales des Points de France à cette époque.

Il ne paraît pas qu'un bureau ait été établi à Sées (2). Cependant nous savons aujourd'hui que dès 1650, on fabriquait de la dentelle à l'Hôtel-Dieu de cette ville, comme on le fit peu d'années après à l'Hôtel-Dieu d'Alençon. Ce fait a été mis au jour par un savant article sur l'ancienneté de la fabrication de la dentelle, malheureusement enfoui dans une collection où l'on ne songerait guère à l'aller chercher.

On a vu plus haut qu'un bureau avait été établi à Argentan par Mme Raffy, en 1665 (p. 125). La fabrication du point paraît avoir passé à peu près par les mêmes phases dans cette ville qu'à Alençon. Il est nécessaire d'entrer à ce sujet dans quelques détails.

« En 1636, dit Thomas Prouverre, Me Louis Ango, sieur des Mézières (3), contrôleur des élus, homme de rare vertu et très-

(1) On trouve aux Pièces justificatives (p. 48) la mention d'un sieur Abraham Gilbert, époux de Catherine Parent, demeurant à Montsor. On a vu que dans les comptes du Trésor de Notre-Dame d'Alençon de 1641, figure la mention de deux fournitures de dentelles par Jean Parent, marchand de toiles, « pour les étolles qui servent à célébrer la messe aux dimanches et festes » et pour toiles et dentelles pour faire ung surplis à M. le curé. ».

(2) *Almanach de l'Orne* pour 1855, p. 120.

(3) M. V. des Diguères qui cite le même fait, dit que Louis Angot était sieur des Mézerets. *La Vie de nos pères en Basse-Normandie*, p. 39.

grande piété.... fit venir des filles de Caen et des travaillans pour apprendre à des garçons et filles à faire des ouvrages.....

« En l'année 1664, la fabrique de vélin ayant été apportée en cette ville par quelques femmes et filles d'Alençon, qui en celoient le secret, l'on envoya sœur Louise Bernier, l'une des dittes filles qui s'étoit donnée à l'hôpital, à Alençon, qui étoit très-habile en toute sorte de dentelles, qu'en trois ou quatre mois se rendit si savante en la fabrique et conduite que étant venue en connoissance à un honnête marchand de Paris, il les employa en cette facture; et ayant reconnu leur intégrité et très-fidèle et beau travail, il leur commit en conscience; et réussirent si heureusement qu'il lui firent gagner, en cinq ou six ans, plus de 30,000 mille livres, et en gagnèrent pour 6,000, ayant fait faire telle année pour 15,000 livres d'ouvrages. Et si elles n'eussent pas été diverties par un bureau qui fut établi par M. de Marle, intendant en cette ville, qui en ôta, avec des rigueurs extrêmes, à tous autres pouvoir de travailler, en dix ans notre ville se fust enrichie ; les filles lorsqu'elles furent obligées de quitter, donnant de l'emploi à plus de 1,200 femmes, filles et petits garçons, qui gagnoient plus de la moitié d'avantage que pour le bureau de M. l'intendant.

« Leur marchand, appelé M. Fleury se voyant privé, comme les autres, de ce trafic, leur fit faire grandes dentelles d'or et d'argent qui les fit encore subsister, mais avec bien moins de profit ayant, en le peu de temps qu'elles avoient travaillé aux velin, gagné en outre leur subsistance et entretien, ce qui sera marqué ci-après par la convention qu'elles ont fait avec l'Hôpital. » (1).

Voici d'autre part ce que nous lisons dans l'Inventaire des titres de l'Hôtel-Dieu d'Argentan, par l'abbé Levon (Boîte IX, *Sœurs hospitalières)*:

« Les dispositions des règlements de 1649 et des statuts de 1679 aïant laissé aux sœurs la liberté de faire commerce au profit de leur communauté, elles établirent plusieurs manufactures, surtout celles de dentelles et du Point de France, y amassèrent des sommes considérables qui les mirent en état de constituer sur l'Hôtel-Dieu, 22,000 l.. dans l'espace de trente ans, au désir desdits statuts, pour aider à former la rente de 8,000 l., qui cependant n'a été ainsi fixée qu'en janvier 1738, par le décès des précédentes sœurs.

« Et le profit de leurs manufactures contribua non-seulement aux constitutions cy-dessus, mais encore leur fournit le moien d'entreprendre et faire construire à leurs propres frais le grand bâtiment qui sert d'infirmerie aux hommes et aux femmes, avec les deux pavillons qui sont au bout vers le nord. »

(1) *Extraits du manuscrit de Thomas Prouverre, sieur de Bicheteaux,* par Emile Deplanche. Bibliothèque d'Argentan.

Quant à la manufacture royale des Points de France (1), qui n'a rien de commun avec la fabrique de dentelle, établie à l'Hôtel-Dieu longtemps auparavant, voici ce qu'en dit Thomas Prouverre.

« En ce temps, peu auparavant, Dieu suscita une autre grâce en la ville qui fut l'établissement de l'ouvrage de point que l'on appelle vélin, qui a apporté tant d'utilité que très assurément les travaillans à ce bienfaisant ouvrage, attirent plus d'argent que ce que la taille en pourrait enlever et ce qui a maintenu la ville et empesché qu'elle ne soit demeurée la plus misérable de la province. Moy, ayant remarqué plusieurs autres grâces concédées à notre ville par des bontés particulières du depuis 1648, que notre ville érigea par grande dévotion, sur toutes ses portes les images de la Sainte Vierge, se mettant sous sa sainte protection qui nous en donna de sensibles marques dès l'an suivant, par la préservation d'un pillage général, je luy en rends mille grâces en mon particulier et croirois de la dureté d'esprit et impiété en toute personne qui ne reconoistroit toutes ces grâces nous avoir été données surnaturellement. »

La manufacture d'Argentan, fabriquait sans doute, dès cette époque, ces belles brides dont le réseau compact et les fleurs largement épanouies et d'un haut relief rappellent si bien le Point de Venise.

Le bureau que Colbert voulait établir au Mans n'eut pas le même succès et, en punition du peu d'empressement manifesté par les maire et échevins à seconder les vues du ministre, les

(1) Le Bureau de la manufacture des Points de France à Argentan est mentionné dans un procès criminel, sur clameur de haro, intenté à Jean Ménard, d'Alençon. Jean Ménard ayant abusé de Marthe Fristel, voulait l'épouser malgré ses parents ; après avoir en vain consulté sur ce un père capucin d'Alençon, on écouta le récit d'un sieur Lorinet, maître de poste à Alençon, qui assura à Jean Ménard qu'il n'avait qu'à se rendre à la Chapelle-Souquet (commune du Marais-la-Chapelle, canton de Coulibœuf), où l'on avait contume de faire toutes sortes de mariages sans formalités. Arrivés à Argentan on leur dit qu'il était inutile qu'ils se rendissent à la Chapelle-Souquet, le curé étant en fuite, pour délit par lui commis, mais qu'à Néci le curé les marierait aussi facilement que celui de la Chapelle-Souquet. A Néci, ils apprirent que le curé ne pouvait se prêter à cette comédie. Force leur fut donc de revenir à Argentan sans être mariés. Nicolas Maignier, fillotier à Alençon, qui les accompagnait déposa : « Qu'estant revenus en ladite ville d'Argentan il seroit sorty de l'hostellerie dans laquelle ils estoient logés, pour aller au bureau de la manufacture des Points de fil, et s'estant rendu en ladite hostellerie, l auroit apris que ledit Mesnard estoit couché, » etc.

habitants n'obtinrent pas la décharge d'impôt qu'ils sollici-
taient (1).

Verneuil était un autre centre de fabrication où fut également établie une manufacture royale.

On n'a pas oublié (p. 40) qu'en 1669 l'intendant d'Alençon
avait fait saisir à Nogent-le-Rotrou deux morceaux de Point de
France trouvés dans la maison du sieur Lefébure, porte-manteau
du roi. L'année suivante le bureau de Verneuil fut le théâtre
d'un crime qui amena le bannissement d'un personnage que
revendique l'histoire littéraire d'Alençon, mais dont la famille eut
malheureusement à rougir. « Pierre Corneille Blessebois, dit
Odolant Desnos, naquit à Alençon. J'ai cherché inutilement dans
sa famille les circonstances de sa vie et l'époque de sa mort. Le
public n'y doit pas perdre beaucoup : la plus grande partie de ses
ouvrages respirent la licence la plus effrenée. » Après
avoir consommé son patrimoine et celui d'une maîtresse
qui l'avait suivi, il finit par en dire des horreurs. Dans ses
écrits, « il en fait des portraits affreux ; il la compare à la *Tour
quarrée de Verneuil.* »

Le document suivant en justifiant pleinement le jugement
d'Odolant Desnos nous fournit des renseignements curieux sur la
biographie de Corneille Blessebois et sur la manufacture du
Point de France, établie à Verneuil.

Bernard-Hector de Marle, chevalier, seigneur de Versigny,
conseiller du Roy en ses conseils, maistre des requestes ordinaires de son hostel, commissaire départy pour le service de sa
Majesté dans la province de Normandie, généralité d'Alençon et
en cette partie par arrest du Conseil d'Etat du XVI° aoust mil
six cent soixante-dix :

Veu par nous et les président, lieutenant général, lieutenant
général criminel, lieutenant particulier, assesseur criminel et conseiller au Présidial d'Alençon, le procès extraordinairement fait,
à la requeste du procureur du Roy audit Présidial et accusateur,
contre Pierre Blessebois Corneille, fils de deffunct Mre Paul Blessebois (2), receveur des tailles de l'élection de Verneuil et de

---

(1) « Je déclareray aux maire et échevins de la ville du Mans qu'ils seront pri-
vés cette année du soulagement qu'ils auroient pu espérer, attendu le peu d'affection qu'ils ont témoigné jusques icy pour l'establissement du bureau de la manufacture des Points de fil de France. » — Lettre à Colbert, Intendance de Tours,
11 sept. 1668. *Correspondance administr.* III, 691.

(2) Paul Blessebois, avait été nommé receveur ancien des tailles de l'élection de Verneuil en 1653. (Registres-Mémoriaux de la Chambre des comptes de Normandie
Mémoires de la Société des Antiquaires de Normandie, 2° série, t. 8, p. 185).

Susanne Gaultier, *ses père et mère, deffendeur et accusé d'avoir* bruslé, de dessain premedité, le xxx° juillét dernier, une partie de la maison dans laquelle il estoit demeurant avecq ladite Gaultier, sa mère, scituée dans la ville de Verneuil et où estoient establis le bureau de la recepte des tailles de la dite élection et le bureau de la manufacture des Points de France, dans laquelle maison ledit Pierre Blessebois et Philippe Blessebois, son frère, auroient mis le feu, de dessain premedité et ensuite empesché les voisins et autres habitans d'y entrer pour l'esteindre ;

Arrest du conseil d'Estat dudit jour, xvi° aoust 1670, par lequel sa Majesté auroit ordonné qu'il seroit par nous informé dudit *incendie, circonstances et dépendances, et le procès fait et parfait aux coulpables, et par nous instruit et jugé en dernier ressort et* sans appel, en tel Présidial que nous jugerions à propos, jusqu'à jugement définitif inclusivement ; qu'à cet effect les informations faites par les juges ordinaires des lieux, ensemble les procès verbaux et tout ce qui fait a esté par les officiers de l'élection dudit Verneuil, au subjet dudict incendie, seroient apportés au greffe de nostre commission, sa Majesté nous en attribuant toute cour, jurisdiction et cognoissance et icelle interdisant à tous autres juges ;

Procès verbal du lieutenant general de Verneuil dudit jour *xxx juillet dernier, contenant ce qui se seroit passé lors dudict* incendie et la rebellion faite par ledit accusé et son frère pour empescher les juges et autres officiers et habitans d'esteindre le feu ;

Information faite par le juge, le xxxi° dudit mois et jours ensuivans, contre le dit accusé et son frère, à la requeste de l'advocat du Roy audit bailliage ;

Decret de prise de corps decerné contre eux par ledit juge, le premier aoust dernier ;

Nostre ordonnance du deux dudit mois par laquelle nous aurions, entre autres choses, ordonné *que procès verbal seroit dressé des desordres causez par ledict incendie dans le bureau de* la manufacture, et par les officiers de l'élection, des désordres causez dans le bureau de la recepte des tailles ;

Procès verbal dressé par le dit lieutenant general de Verneuil, faisant mention que le dit bureau de la manufacture, ouvrages et registres, n'ont reçu aucun préjudice dudit incendie ;

Autre procès verbal dressé par les dits esleus, les xxx et xxxi° juillet, faisant mention de quelques papiers qui auroient esté bruslez ;

Autre procès verbal par nous dressé le 4° septembre dernier, contenant l'inventaire des registres de la recepte des tailles de la dite élection depuis et compris l'année 1645 jusques et compris l'année 1669, dernière année d'exercice de M° Pierre Roncherel ;

Et la déclaration faite par la dite Gaultier que, dans ledit incendie, elle n'a perdu aucuns papiers ni argent, mais seullement ses meubles particuliers, qui estoient dans les chambres haultes du corps de logis, qui auroient esté reduits en cendres ;

Autre information faite par nous le dit jour, quatre septembre dernier et jours ensuivant, decret de prise de corps, interrogatoire dudict Pierre Blessebois Corneille, du seize dudit mois de septembre, jugement de confrontation du xxvᵉ dudit mois de septembre ;

Autre jugement du xxvⁱᵉ dudit mois de septembre, par lequel nous aurions ordonné que le dit Pierre Corneille Blessebois seroit transféré des prisons d'Alençon en celles dudit Verneuil par Mᵉ Jacques Morlet, lieutenant de robe longue en la provôsté generalle de Normandie, bailliage d'Alençon, pour subir la confrontation.

Procès verbal de recollement fait devant nous des temoins ouïs esdites informations, date du xiii octobre dernier ;

Confrontation faite par nous les xiii et xiiiᵉ dudit mois des temoins ouys esdites informations dudit Pierre Corneille Blessebois, accusé, dans la chambre du Conseil du bailliage de Verneuil, après avoir icelluy faict extraire des prisons dudit lieu où il avoit esté transféré ;

Conclusions dudit procureur du Roy ; et après que le dit Pierre Corneille Blessebois a esté extraict de la conciergerie du Pallais d'Alençon, où il avoit esté transféré après la confrontation et qu'il a esté ouy sur la sellette ;

Ouy le raport de Mᵉ René Fouqueron, conseiller au dict Présidial d'Alençon ;

Tout considéré :

Nous, en vertu du pouvoir à nous donné par sa Majesté, par le dit arrest du Conseil d'Estat dudict jour seize aoust mil six cent soixante dix, par jugement souverain et en dernier ressort, avons déclaré le diet Pierre Blessebois Corneille deubement attaint et convaincu d'avoir mis le feu, le trentiesme juillet dernier, dans la maison où il estoit demeurant, avecq la dicte Gaultier sa mère, scituée dans la ville de Verneuil.

Pour punition et reparation de quoy, avons icelluy banny à perpetuité du royaume de France, enjoint de garder son ban à peine de la hart, ses biens meubles et immeubles declarés acquis et confisquez au Roy, ou à qui il apartiendra, et outre condamné en cinq cens livres d'amende, applicable, scavoir cent livres aux reparations du Palais d'Alençon et le surplus, montant à quatre cens livres sera payé audict Mᵉ Pierre Morlet, lieutenant de longue robe en la provôsté generalle de Normandie, à laquelle somme nous avons liquidé les frais de la translation par luy faite, dudit Pierre Blessebois Corneille des prisons d'Alençon, en celles dudict Verneuil, pour subir la confrontation et de celles de Verneuil, en celles d'Alençon, à quoy il auroit vacqué pendant sept jours, accompagné de dix archers ; ensemble pour un autre voiage par luy faict de Sées à Alençon, suivant nos ordres particulliers, à quoy il a aussy vacqué pendant deux autres jours accompagné de ses archers.

Et en conséquence, avons ordonné que la dicte Gaultier, mère et tutrice dudit Pierre Blessebois Corneille, sera contrainte au payment de la dite somme de cinq cens livres, si mieux n'ayme rendre son compte de tutelle, pour estre veu et examiné sommairement par devant nous avecq le dit procureur du Roy ; ce qu'elle sera tenue d'opter dans quinzaine du jour de la signification qui luy sera faite du present jugement, parlant à sa personne ou à son domicile ; autrement, à faulte de ce faire dans le dit temps et icelluy passé, dès à present, comme dès lors et dès lors comme de present, ordonnons qu'elle demeurera decheue de l'option et qu'elle sera contrainte au payement de la dite somme de cinq cens livres, en vertu du present jugement et sans qu'il soit besoing d'autre ;

Ordonnons que l'instruction encommencée, par coutumace, à l'encontre de Philippe Blessebois, sera parachevée pour ce fait et raporté, estre ordonné ce qu'il apartiendra.

Faict à Alençon, ce quinziesme jour de novembre mil six cens soixante dix et prononcé au dit Pierre Blessebois Corneille, le dit jour, et après qu'il a esté mandé pour cet effect dans la chapelle de la consiergerye.

<table>
<tr><td>H. de MARLE.</td><td>R. FOUQUERON.</td></tr>
<tr><td>René D'ERARD.</td><td>CAIGET.</td></tr>
<tr><td>Charles GOT.</td><td>DUVAL.</td></tr>
<tr><td></td><td>QUILLET-VAURATIER.</td></tr>
</table>

Mais la seule ville pour laquelle nous possédions une série de renseignements suivis sur la fabrication de la dentelle, est celle d'Alençon.

On a vu (p. 8), qu'en 1667 Jean Thomas (1), sieur du Mesnil, officier, en la maison de Léonor de Matignon, évêque de Lisieux, seigneur de Lonrai, eut à payer une amende 500 l. pour contraventions commises par sa femme au préjudice de la manufacture. Nous possédons aujourd'hui quelques renseignements plus précis sur cette affaire. La femme de Jean Thomas se nommait Elisabeth Collet ; elle était sœur de François Collet, curé de Vingt-Hanaps. Pendant un voyage que celui-ci fit à Paris, du 19 septembre au 23 octobre 1666, pour poursuivre la résignation faite en sa faveur de la cure de Neuilli, un procès fut intenté à sa sœur, par les commis du bureau, « pour avoir contrevenu à la déclaration du Roy, portant establissement de la manufacture des Points de fil de France. » Le délit consistait à avoir fait faire de faux Point d'Alençon, c'est-à-dire à avoir fait fabriquer « neuf ou dix morceaux de Point, qui n'avaient point la marque du bureau. »

_____

(1) Jean Thomas, après avoir été officier de bouche du château de Lonrai, s'établit plus tard confiseur à Alençon, rue du Dauphin, comme le prouve l'acte de baptême de Catherine, fille de Jean Thomas et d'Elisabeth Collet, sa femme (21 mai 1678).

Après une perquisition faite dans sa maison par les préposés de la manufacture, elle fut condamnée à 500 livres d'amende, pour payement de laquelle, tous ses meubles et ceux de son frère furent saisis et en partie vendus. On sauva cependant une portion du mobilier en le cachant dans diverses maisons, dans le couvent des Filles-Notre-Dame et chez M⁰. Jacques Le Pelletier, avocat. La déposition d'Elisabeth Collet, dans l'interrogatoire qu'elle eut à subir à cette occasion est assez curieuse :

« Après que la dite amende eut été jugée, elle se retira dans la maison dudit Le Pelletier, de peur d'estre arrestée prisonnière. Le mesme jour, sur les dix heures du soir, le dit Thomas fist venir le chariot du seigneur évesque de Lisieux, dans lequel elle mist tous les meubles qui estoient dans la maison dudit Le Pelletier, à l'exception d'un petit coffret, dans lequel il y avoit quantité de morceaux de Point d'Alençon, qu'elle prist. Mais estant pressée de partir pour aller au chasteau de Lonray et ne pouvant trouver les clefs dudit coffre, elle pria la servante dudit Le Pelletier d'aller querir un serrurier pour en enlever les deux serreures, ce qu'elle fist; et après, prist les dits morceaux de Point d'Alençon, et s'en alla au dit chasteau de Lonray, dans lequel elle demeura trois ou quatre mois, jusqu'à ce que l'affaire eust esté accommodée par le dit Thomas, avecq le commis dudit bureau de la manufacture ».

Le monopole exclusif de la fabrication de la dentelle accordé à la société fondée sous le patronage de Colbert, n'ayant pas été renouvelé en 1675, à l'époque de l'expiration du privilège, les fabricants d'Alençon purent rouvrir leurs magasins sans avoir à courir d'autres risques que ceux qui résultent de la libre concurrence (1). Dans cet intervalle, comme on sait, des progrès considérables, ou plutôt une transformation complète de la fabrication de la dentelle, avaient eu lieu. Odolant Desnos fait honneur de cette transformation à Mᵐᵉ Gilbert, et tous ceux qui ont écrit sur le Point d'Alençon, l'ont suivi.

« Cette industrie toute nouvelle, importée dans un pays *où il ne s'était jamais fait de dentelles*, dit M. Félix Aubry, présenta des difficultés imprévues, que le zèle et l'intelligence de madame Gilbert parvinrent à surmonter.

« Madame Gilbert, qui connaissait la fabrication du Point de Venise, ainsi que les ouvrières qu'on avait fait venir, furent bien

(1) On trouvera aux Pièces justificatives, un procès verbal de la visite des courriers de Paris et de Rouen (1666), que l'on supposait renfermer la dentelle.

étonnées de ne pouvoir obtenir des dentellières d'Alençon, un point pareil à celui qu'on voulait imiter. Cela décida madame Gilbert à abandonner le projet de faire à Alençon du *Point de Venise pur*. Elle fit une dentelle tout-à-fait nouvelle en adoptant une méthode inconnue à cette époque, la division du travail (1). Par ce moyen, elle arriva à simplifier l'ouvrage, à rendre l'ouvrière très-habile et à produire un point admirable de solidité et de richesse, mais qui ne ressemblait nullement à celui de Venise. Aussi est-on parvenu à faire dans Alençon la dentelle la plus perfectionnée qu'on ait jamais vue ».

L'autorité de M. F. Aubry, est assurément d'un grand poids, mais l'exposé qu'il fait de l'état de la question manque d'exactitude et le terme de « perfectionnement » qu'il emploie ne paraît pas suffisant pour expliquer ce qui se passa alors.

Il s'agit plutôt ici, à mon avis, de la création d'un genre composite, très-différent de ce qu'on avait fabriqué jusqu'alors à Alençon et qui, sans rien perdre de la solidité traditionnelle de l'ancien Point d'Alençon, avait acquis une élégance à laquelle les anciennes dentellières et Mme de la Perrière elle-même n'auraient pu atteindre. Cette transformation ne dut pas être l'œuvre d'un jour. Il est même à croire que l'on n'arriva qu'au bout de plusieurs années à composer ces belles dentelles, dont on admire la perfection. Or, rien n'empêche d'admettre que cette dame Gilbert, de Montsor, attachée au bureau de la manufacture en 1671, ait eu dans cette transformation une part consi-

_____

(1) On sait (voir p. 22, 23,) que dès 1650, la fabrication du Point d'Alençon se faisait par morceaux détachés, mais la division du travail dont parle M. F. Aubry est tout autre chose.

Le procès de 1682 pour vol dans les églises, dont on trouvera plus loin l'analyse, contient certains détails sur les procédés de fabrication qu'il n'est pas inutile de consigner ici.

« Renée Janequin. femme de Michel Derbree, dit Maindet, marchand mercier, dépose qu'elle a veu l'esté dernier la dite Hobon demeurer en la maison d'un nommé Le Gros, l'un de ses voisins, laquelle Hobon vint au mois d'aoust dernier leur offrir à vendre un morceau de Point de France qui n'estoit pas relevé et qui tenoit encore au parchemin, de la hauteur de quatre doigts ou environ et long comme la main, disant qu'elle ne se pouvoit défaire du dit morceau de point qui estoit un vieil patron; et l'ayant la dite deposante refusé une première fois, la dite Hobon l'estant retournée trouver, elle qui dépose l'achepta cinq sols qu'elle paya. Et fort peu de temps après la dite Hobon amena deux filles avecq elle, que la déposante ne cognoist point, la priant les unes et les autres de leur rendre le dit morceau, disant qu'il appartenait à une dame Parent, qui demeuroit en la rue aux Sieurs, ce que le déposant voulut bien faire.

dérable. Il va sans dire qu'elle dut être aidée du concours des dentellières étrangères et des dessinateurs qui avaient été envoyés à Alençon par Colbert.

En présence de la supériorité qu'affichait le Point de France, que devint le Point d'Alençon qui continua à être fabriqué et vendu en cachette, par les élèves de Mmes de la Perrière, Collet, Parent et les anciennes vélineuses d'Alençon ? La dépréciation qu'eut à subir ce genre de dentelle, fort perfectionnée pourtant, comparativement à l'ancien point coupé, nous est attestée par une foule de documents, notamment par la correspondance des demoiselles Coupard (1669), qu'on lira plus loin (1).

Le Point d'Alençon ne cessa pas pourtant d'apparaître dans les

(1) Ce qui prouve l'estime que l'on conservait pour les anciennes dentelles en point coupé, c'est qu'en 1652, on s'en servait encore pour parer la chaire de Notre-Dame. C'est ce qui résulte des dépositions recueillies dans le procès criminel pour vols commis dans les églises de Notre-Dame et de Saint-Léonard, dans la chapelle Saint-Blaise et dans celle des pères Jésuites du collége, par Elisabeth Hobon, âgée de vingt ans. Celle-ci déclare dans son interrogatoire « qu'elle alla, il y a deux ou trois ans, demeurer chez le nommé Launay, quy a plusieurs ouvrières chés luy quy font du Point de France où elle aprist à y travailler, ce qu'elle a depuis continué de faire, gagnant sa vye à relever des dits ouvrages ».

Une des dépositions, celle d'Elisabeth Prêteseille, est ainsi conçue :

« Elisabeth Prêteseille dépose que dimanche dernier, elle entendit dire qu'on avoit dérobé un linge hault d'environ un cart, au pied duquel il y a un vieux point ou antienne dantelle découpée quy estoit autour de la chaisse du prédicateur de l'église Nostre-Dame de ce lieu, ayant pareillement entendu dire qu'on avoit pris auparavant dans la mesme église deux autres tours de la dite chaisse du prédicateur, l'un de Point de France et l'autre de Point de Paris..... Dist ensuite tout hault qu'elle avoit pris le dit tour de Point de France qui estoit au devant de l'autel et non autour de la chaire, comme elle l'avoit cy-dessus déclaré, ayant encore recognu qu'elle avoit pris le tour de la chaisse de Point de Paris et encore une bande de Point de France qui estoit au devant de l'autel de St-Blaise, disant qu'elle avoit vendu les dits deux Points de France à la Pistollière, celui de St-Blaise, 45 sols et l'autre 40 sols et qu'à l'esgard du Point de Paris, elle l'avoit vendu à la fille du défunct sieur Coupard, médecin, 17 à 18 sols; et comme elle nioit d'avoir pris, le dit jour de dimanche dernier, le dit linge et vieille dantelle qui estoit autour de la dite cherre, plusieurs filles et femmes l'ayant décoiffée et désabillée, on luy trouva dans le seing environ une aulne dudit tour de cherre et sur sa teste comme une manière de cornette, le surplus dudit tour de cherre, avec un autre linge d'environ une demye aulne en carré, bordé de deux bouts de dentelles différentes ».

Les mêmes usages existaient à Saint-Germain d'Argentan, car dans le Mémoire du linge appartenant au trésor de cette église, dressé au mois de Janvier 1657, on trouve les articles suivants :

« Deux grands rideaux de reseul à mettre devant le grand autel.

« Un autre devant d'autel, de reseul, donné par les chirurgiens de cette ville.

« Un tapis de reseul pour la chaire du prédicateur. »

(L'abbé Laurent, *Saint-Germain d'Argentan*, page 242).

contrats de mariage des jeunes Alençonnaises comme constituant une partie de la dot de la future. Ce n'est même que vers 1680, que le nom de Point de France finit par devenir la forme la plus employée par les tabellions (1). On comprend que cette distinction (2) dut s'effacer au bout de quelques années. Il était impossible, d'ailleurs, que les procédés et les dessins nouveaux inventés par les directeurs de la manufacture royale ne finissent pas par être imités et par tomber peu à peu dans le domaine public.

Quoi qu'il en soit, on constate qu'en 1673, au moment où les marchands d'Alençon purent librement reprendre le commerce du Point, ces produits de l'industrie locale furent loin de se maintenir au prix élevé qu'ils atteignaient autrefois. Parmi les négociants d'Alençon, qui eurent à subir les conséquences de cette dépréciation, nous trouvons Thomas Ruel, marchand de point, fermier du domaine d'Alençon (3), que nous avons déjà rencontré dans un procès relatif à la fabrication de dentelle. Au commencement de 1673, une saisie de ses marchandises avait eu lieu, à l'instance de Mathurin le Picard, conseiller au bailliage de Blois, pour payement de deux obligations de 2,000 L., plus les intérêts, dues par la duchesse d'Alençon, douairière de Guise. Les dentelles comprises dans la saisie, furent soumises à l'appréciation de l'expert le plus compétent que l'on pût alors trouver à Alençon,

(1) On trouvera, aux *Pièces justificatives*, des extraits de quelques contrats faisant mention de gains gagnés à faire du point.

(2) La mention du Point de France à côté du Point d'Alençon est aussi à noter dans les inventaires de l'époque. On la trouve, par exemple, dans l'inventaire de François Fouquet, archevêque de Narbonne, frère du surintendant, mort exilé à Alençon, le 19 octobre 1672, et inhumé dans le couvent des Filles-Sainte-Claire. Cette distinction entre les deux genres de points se remarque d'autant mieux que dans l'inventaire on a eu soin de désigner par son nom technique chaque espèce de dentelle, passement de Flandre, passement du Hâvre, etc.

« Item, un rochet de toile de baptiste, garny d'une dentelle de Flandre.
« Item, un autre rochet garny d'un Point de France.
« Item, un autre rochet de toile de coton, garny d'un petit passement.
« Item, une aube de toile de baptiste, garnye d'un passement de Flandre.
« Item, une aube de toile de baptiste, garnye d'un Point d'Alençon.
« Item, deux surpelitz de toile de baptiste, garnis de passement du Hâvre. »

(3) Thomas Ruel, par lettres patentes du 30 mai 1671, avait été nommé receveur ancien du domaine de la vicomté d'Alençon et bois en dépendant, à la place de Jacques de Lonlay qui s'était démis à son profit. On voit par une sentence du 5 octobre 1673, que Thomas Ruel prennit le titre de fermier général du domaine d'Alençon et qu'en cette qualité il avait vendu la charge de sergent de la sergenterie de Saint-Gervais-du-Perron.

je veux dire à Mme de la Perrière. Quoique cette dame déjà fort âgée (1), fût retenue au lit par la maladie et ne pût, par conséquent, se transporter au tribunal, les parties, d'un commun accord, avaient déclaré s'en rapporter à son estimation. Le sieur Ruel se borna à présenter une observation « sur la perte et diminution qui est arrivée sur ses marchandises qu'il avait payées, lors de l'achat, argent comptant » et qu'il aurait pu, prétend-il, vendre avantageusement si elles n'avaient pas été saisies.

« D'ailleurs, ajouta le sieur Ruel, les ouvrages saisis sont beaucoup diminués de prix depuis ladite exécution, les desseins mesmes estant changez et n'estant plus à la mode. Ce qu'il dit afin que la dite dame de la Perrière, dont les parties ont convenu pour régler les interests pretendus par ledit Ruel ait toutes ces choses en considération afin d'en faire une fidèle estimation ».

Voici maintenant l'appréciation de la dame de la Perrière (10 décembre 1675) :

« Laquelle Barbot, après avoir veu et visité lesdits ouvrages, a dit, que sur les deux mouchoirs, il peult y avoir vingt cinq livres de diminution, vingt livres sur deux aunes de hautes bandes et quinze livres sur trois aulnes et autres bandes ; et a signé.

« Outre, a dit que, au temps de l'exécution desdits ouvrages, ils pouvoient valloir, scavoir lesdits deux mouchoirs cent livres, les deux autres de grande bande pouvoient aussy valloir trente livres l'aune et les trois autres aunes de bande, valloient environ vingt livres l'aune ; et a signé ».

Il serait inutile d'insister sur la vogue dont a joui un produit artistique dans lequel, il est impossible de méconnaître ce cachet particulier, que Louis XIV semble avoir imprimé à tout ce qui s'est fait sous son règne. Si nous le considérons comme objet de commerce nous serons amenés à constater que, comme toutes les industries, celle du Point d'Alençon paraît avoir ressenti le contre-coup des événements qui assombrissent la seconde moitié du règne de Louis XIV : je veux parler des guerres contre la Hollande, contre l'Angleterre, contre la coalition européenne, qui fermèrent à nos produits les débouchés importants, du traité de Nimègue (1678), dans lequel furent sacrifiés nos intérêts commerciaux par suite de la suppression du tarif protecteur de 1667,

(1) On a vu que Marthe Barbot, avait été mariée en 1633, à Michel Mercier, sieur de la Perrière. (V. plus haut, p. 108 et 135).

qui avait permis à notre industrie de prendre un développement considérable (1) : enfin de la révocation de l'édit de Nantes qui fit sortir de France des milliers de fabricants.

A côté de Thomas Ruel, nous trouvons comme marchands de point, après 1675, deux des anciens employés principaux de la manufacture royale, Gence (2) et Provost, qui parfaitement au courant des perfectionnements dont la dentelle avait été l'objet, résolurent chacun de leur côté, de monter une fabrique « de Points de fil de France ». La maison du sieur Gence, était encore florissante en 1680. Quant à l'entreprise fondée par René Provost, qui en 1677, s'associa Jacques Provost, son frère, établi depuis longtemps à Paris, elle ne paraît pas avoir prospéré longtemps. L'acte de société portait que René Provost s'obligeait « de faire travailler aux ouvrages de Point de fil de France pendant trois années, à commencer du 10 mai de l'année 1677, sur les desseins et advis qui lui seroient envoyés » de Paris, par son frère, « avec la clause prohibitive de ne pouvoir faire travailler, acheter, vendre ny débiter aucuns ouvrages » que pour le compte de son frère et sans son consentement. De son côté Jacques Provost, s'obligeait de payer à René Provost, « son facteur, sept et demy pour cent du prix coutant des ouvrages ». La société fut dissoute avant l'expiration des trois ans. René Provost, se trouvait avoir un découvert de plus de 4,000 livres. Après avoir payé une très-faible partie de cette somme en argent, il fit à son frère des billets pour 3,529 livres payables de mois en mois. Mais dès le 21 octobre 1678, il sollicitait des lettres de répit qui ne l'empêchèrent pas d'être bientôt déclaré en faillite, à la requête de son frère, d'un sieur Marigner et de plusieurs autres créanciers. Les marchandises ayant été saisies furent vendues à vil prix.

Il ressort du procès que René Provost avait fait fabriquer d'énormes quantités de dentelles. Ses livres attestaient qu'au 30

(1) Mme Bury Palliser (*Hist. de la Dentelle*, p. 242), remarque qu'en 1667, à l'abri du tarif protecteur, « la France devint la rivale de la Hollande, en exportant directement ses produits en Espagne, en Portugal et en Italie. La Hollande alors, pour n'avoir rien à lui demander, fonda des fabriques de dentelles et d'autres objets. Elle trouva par ses relations maritimes (après la paix de Nimègue (1678), un débit rapide de ces produits, même en France.

(2) En 1676, le sieur Gence est qualifié marchand de Point de France, dans l'information faite sur une rixe à laquelle avait assisté un de ses commis. — V. aux Pièces justificatives un extrait de la procédure faite à l'instance de Gabriel Gence et de plusieurs autres marchands, pour contrefaçon d'ouvrages de dentelle.

avril 1678, il lui était dû 9,622 livres sur les ouvrages qu'il avait fait faire et dont le nombre était de 3,269 morceaux. Une des dépositions porte que dans le cours de l'année 1678, René Provost « porta une grande quantité de veslin dans la province de Bretagne et autres, pour y vendre, lequel estant de retour, dist qu'il y avoit perdu plus de la moytié et qu'il en estoit beaucoup fasché et au désespoir ». Une autre déposition nous apprend que, dans sa tournée en Bretagne, René Provost, disait avoir perdu plus de 4,000 livres et que, peu de temps après, ayant été poursuivi par le sieur de Villebois, de lui payer un billet de 1,600 l., il fut obligé de faire vendre ses marchandises à l'encan. Deux femmes, que René Provost employait à la vente de ses dentelles, nous fournissent des détails précis sur la dépréciation qui se produisit alors sur les articles de Point de France, et qu'elles attribuent, en partie, aux dessins, qui n'étaient pas bons. Sur un collet, la perte était de 50 livres, sur les cravates, à proportion et jusqu'à moitié de la valeur.

En 1636, comme on l'a vu, un administrateur intelligent avait fait apprendre aux enfants des deux sexes de l'Hôtel-Dieu d'Argentan (1) «à faire des ouvrages»; et de 1650 à 1654 on commença à faire faire du vélin dans les hôpitaux de Sées et d'Alençon. On sait, en outre, qu'il entrait dans les vues de Colbert de faire travailler aux manufactures, les pauvres recueillis dans les hôpitaux généraux, qui furent établis à cette époque. Cette idée excellente fut appliquée notamment à l'Hôpital général de la Pitié, de Paris, où les femmes furent employées à faire et à broder de la dentelle. Une grande dame, Renée Hameau, femme de Louis Berryer, conseiller d'Etat, premier commis de Colbert, secrétaire du Grand Conseil, directeur de la Compagnie des Indes, administrateur de l'Hôpital général, conçut le projet de faire de cette œuvre philanthropique, une spéculation industrielle dont elle comptait bien recueillir le plus clair du bénéfice. La chose semblait d'autant plus facile, que Mme Berryer, femme très-intrigante

(1) En remontant plus haut, on trouverait qu'en 1402, le même établissement faisait filer le chanvre provenant des dîmes dues aux curés dans les archidiaconés d'Exmes et du Houlme et depuis Sées jusqu'à Saint-Pierre-sur-Dive. On trouve même dans les comptes le prix des fuseaux qui servaient à faire le fil. (Archives hospitalières de Saint-Thomas d'Argentan, compte de 1402-1403, Registre in-folio, sur parchemin.)

et peu embarrassée sur le choix des moyens, se trouvait appelée par la position de son mari à prendre la direction des travaux des femmes, exécutés à l'Hôpital général, que par ses relations elle était assurée de l'écoulement des produits, et qu'enfin, dans la généralité d'Alençon, pay. d'origine de sa famille, elle était en possession d'une influence considérable, Elle avait en outre sous la main, dans le personnel des commis et des fonctionnaires dépendant de son mari, des agents sur le zèle et la discrétion desquels elle pouvait absolument compter.

Louis Berryer, fils d'un greffier des eaux et forêts de Domfront, devait le commencement de sa fortune à Fouquet, auquel il avait servi de prête-nom dans beaucoup d'affaires (1) ; ce qui ne l'empêcha pas, lors a disgrâce du surintendant, de se porter au nombre de ses acc.,sateurs et de se signaler par son zèle, « en déployant les ressources d'un esprit plein de subtilités (2). » Devenu premier commis de Colbert, il réussit, sinon à désarmer l'envie (3), du moins à consolider sa fortune (4). En 1671, il avait acheté le comté de la Ferrière-aux-Etangs et Mme Berryer venait quelquefois passer la belle saison dans cette terre (5). Une de ses nièces, Louise Aubry, femme de Guillaume le Débotté (6), sieur

(1) Les archives du château de Flers renferment des documents curieux sur les relations de Louis Berryer avec le surintendant Fouquet. (Comte H. de la Ferrière. *Histoire du canton d'Athis*, p. 389, n.).

(2) *Biogr. Norm.*, par Th. Lebreton.

(3) La malignité publique lui appliqua ces vers de la satire IX, de Boileau :

Alidor à ses frais bâtit un monastère ;

. . . .

Je l'ai connu laquais avant qu'il fût commis ;
C'est un homme d'honneur, de piété profonde,
Et qui veut rendre à Dieu ce qu'il a pris au monde.

(4) En 1657, il fut pourvu de l'office de conseiller du roi, contrôleur ancien général des eaux et forêts au département de la province de Normandie (Registres Mémoriaux de la Chambre des Comptes de Normandie. *Mém. des Ant. de Norm.*, 2e série, t. XIII, p. 191, 2).

En 1660, Louis Berryer prenait les titres de « chevalier, seigneur d'Anfernel, la Motte et autres terres, conseiller du roi en ses Conseils, secrétaire de Sa Majesté, maison et couronne, contrôleur général des offices de France » (Tabellionage d'Alençon).

(5) Louis Berryer fit reconstruire les églises de la Ferrière, de Dompierre, de Champsecret et de Saires-la-Verrerie. Il est à noter que le procès-verbal de consécration de l'église de Dompierre, du 28 septembre 1678, à laquelle assista Louis Berryer, abbé du Tronchet et depuis abbé de Lonlai, mentionne avec éloges « les ornements et les parures dus aux libéralités splendides de M. et Mme Berryer. » (Le Faverais, *Hist. du canton de Messey*, p. 141).

(6) Cette famille est connue à Domfront au moins depuis le xvie siècle. En 1606, on trouve l'épitaphe de J. le Débotté (*Les Pierres tombales de N.-D.-sur-l'Eau*, par M. Blanchetière, p. 111). En 1658, Guillaume le Desbotté, sieur des Bagottières, fit une fondation en faveur de l'église de Saint-Front (Archives de l'Orne, fonds du Séminaire de Domfront).

des Jugeries (1), directeur des gabelles de la généralité, puis receveur du droit annuel, habitait Alençon. En 1679, cette dame fut invitée par Mme Berryer, sa tante, à prendre la direction d'un bureau de fabrique de Point de France, qu'elle voulait établir à Alençon, pour le compte de l'Hôpital général de Paris et sous le couvert d'une de ses confidentes, Catherine Costard, femme de Pierre Morin, et d'un sieur François François, bourgeois de Paris, commanditaire de l'entreprise. Les promesses faites par Mme Berryer à sa nièce, étaient des plus séduisantes. Celle-ci étant allée la voir au château de la Ferrière, elle lui dit « qu'on luy donneroit deux sols pour livre de remise, pour ses paynes et advances et qu'elle gagneroit avec eux plus de dix mille livres par an, et qu'elle n'avoit que faire de se mettre en payne d'argent, luy promettant de luy en faire délivrer autant qu'elle en auroit besoin. » Sur ces assurances, la dame des Jugeries commença immédiatement à faire travailler aux ouvrages de point, à Alençon et aux environs. D'après une déposition de la dame des Juge-ries, voici comment les choses se passèrent :

(1) On voit, par un bail de la métairie du Molier, paroisse de Roullée, passé en 1663, qu'à cette époque Guillaume le Débotté, sieur des Jugeries, était porteur de procuration de Louis Berryer, seigneur, baron d'Anfernel, la Motte Chédouet, Lignères et autres lieux (Tabellionage d'Alençon).

En 1670, le 17 février, nous trouvons l'acte de baptême de Gabrielle, fille de Me Guillaume le Débotté, sieur des Jugeries, directeur des gabelles de la généralité d'Alençon et de demoiselle Louise Aubry ; parrain, Gabriel de Villeboys, sieur de Rostin, receveur général des gabelles de la généralité d'Alençon ; marraine M.. Costard, épouse de M. de Pecqueult, trésorier de France (Archives communales d'Alençon.).

Le 18 août de la même année, René le Débotté, fils du sieur des Jugeries, fut parrain d'un enfant de Mathieu le Conte et de Marie Moreau ; la marraine, Marguerite Prévost, fille du sieur Prévost, directeur de la manufacture des ouvrages d'Alençon (Ibid.).

Peu de temps après, nous voyons Guillaume le Débotté employant ses capitaux à l'exploitation de la grosse forge de la Sauvagère, qu'il fut autorisé, en 1678, à transférer de la place où elle était, « au lieu du Guet du Cléret ». (Registres mémoriaux de la Chambre des Comptes de Normandie, reg. 92.) En 1682, il acheta de M. des Rotours, 400 pipes de minerai, provenant des mines du Chênai, proche le Pont-Ecrépin (Comté de Contades, Notice sur la commune de la Sauvagère, p. 108.). Le 23 juillet 1686, le même Guillaume le Débotté, devenu contrôleur général des finances de la généralité d'Alençon, donna à sa fille, Louise le Débotté, mariée à Me Robert Bidon, sieur de la Contrie, avocat, la somme de 4,000 l., en augmentation de sa dot, fixée primitivement à 14,000 l. — Si l'on remarque que Guillaume le Débotté laissa cinq enfants : 1o Louis, sieur du Lude ; 2o Pierre Guillaume, sieur des Jugeries ; 3o Bernard, sieur d'Auvernet, maître des Forges de Bagnoles ; 4o Louise, mariée à Robert Bidon ; 5o N....., mariée à Me Duplessis, secrétaire du roi, on est fondé à penser que sa fortune était considérable.

« Quelques temps après, le sieur des Jugeries, son mary, estant allé en la ville de Paris, à son retour, il lui dist qu'il avoit fait un traité, pour la manufacture de point, avecq ledit sieur François et la femme Morin, mais que la dame Berrier n'avoit pas trouvé à propos que le traité fust soubs le nom du sieur des Jugeries, à cause de l'alliance qui estoit entre eux; pourquoy il fut fait soubs le nom de Me Jacques Marignier (1), commis d'iceluy sieur des Jugeries. Ensuite de quoy la dite déposante continua de faire travailler aux ouvrages et fut obligée de prendre le sieur Pierre Le Roy et Françoise Gallois, pour y veiller, auxquels elle assura des gages ; ayant pour cet effet un bureau dans sa maison, à Alençon. Et à mesure que les ouvrages estoient pretz à relever et broder, elle les envoyoit à Paris à la dame Berrier. »

La dame Berryer s'était, en effet, chargée de faire broder les ouvrages à l'Hôpital général. C'était elle-même qui les portait à la dame du cabinet de l'hôpital ou aux maîtresses ouvrières ; c'était à elle aussi que les ouvrages étaient remis lorsqu'ils étaient brodés.

Le centre principal de la fabrication était Alençon, mais des comptoirs moins importants avaient été établis, par les soins de la dame Morin, à Argentan, à Falaise, chez le sieur de la Houssaye, fermier de la terre de la Motte, propriété de la famille Berryer, à Condé-sur-Noireau, chez une demoiselle des Parcs, parente de Mme Berryer, enfin dans le château même de la Ferrière-aux-Etangs.

Le mécanisme au moyen duquel se soldaient les frais de fabrication était des plus simples. Les fonds étaient fournis par la caisse du receveur général des gabelles, à Alençon (2), sur billets souscrits par la dame des Jugeries et convertis en lettres de change, payables par le sieur François. Quant aux profits provenant de la vente des ouvrages expédiés à Paris, ils devaient être partagés plus tard. Dans cette ingénieuse combinaison, une seule chose avait été oubliée, c'est que le sieur François n'entendant jamais parler du produit des dentelles vendues et voyant sans cesse les traites arriver, pourrait finir par perdre patience et laisserait les lettres de change impayées. Lorsque ce découvert lui fut révélé, le sieur des Jugeries qui peut-être n'était pas sans

(1) Jacques Marignier avait épousé Catherine Blessebois, qui mourut le 2 février 1671.

(2) Pierre-Gabriel de Villebois, sieur de Rostin, conseiller du roi, receveur général en la généralité d'Alençon en 1670, trésorier de France, général des finances au bureau d'Alençon en 1685.

soupçonner ce qu'avait de périlleux le commerce dans lequel il s'était engagé, défendit au commis du receveur des gabelles d'avancer désormais de l'argent à sa femme pour la manufacture. Là-dessus, plaintes de la dame des Jugeries et demandes d'argent réitérées, adressées à la dame Berryer, pour couvrir les avances faites et pour fournir aux frais de la fabrication de nouveaux ouvrages.

Une première visite qu'elle lui fit à la Ferrière-aux-Etangs, n'ayant eu aucun succès, la dame des Jugeries prit le parti d'aller la trouver à Paris, accompagnée de Françoise Gallois, qui dirigeait sous ses ordres le bureau d'Alençon. Elle portait, en même temps, avec elle pour environ 1800 livres de dentelles, qu'elle remit à la dame Berryer. La scène qui se passa alors, est ainsi racontée par Françoise Gallois :

« Incontinent après qu'elles furent arrivées, lad. dame des Jugeries alla voir lad. dame Berrier, et peu d'heures après, arriva un des laquais de lad. dame Berrier en la maison du sieur Aubry, frère de lad. dame des Jugeries, où elles déposantes estoient logées, lequel dist à elle qu'il estoit envoyé par sa maistresse pour la prier d'aller en sa maison la trouver et la dame des Jugeries, et luy porter les ouvrages dont elle a parlé.... Et fut le pacquet, dans lequel estoient lesdits ouvrages ouvert, après quoy lad. dame Berrier les visita et les trouva bien faits. Ensuite de quoy lad. dame Berrier envoya quérir chez le sieur Viel, qui estoit commis dud. sieur Berrier, comme elle l'a entendu dire, des ouvrages parfaits, c'est-à-dire brodez, d'autant que lad. brodeure se faisoit à Paris et non en cette ville où il ne se faisoit que la trace et le fond ; lequel sieur Viel envoya une boeste de cartes, ainsy qu'elle croit, dans laquelle il y avoit plusieurs coeffes dud. Point de France brodées et dont le fond avoit été fait faire par l'ordre de lad. dame des Jugeries en cette ville d'Alençon et aux environs, ainsy qu'il fut reconnu.

« Lorsque l'on examinoit lesd. ouvrages, survint la dame márquise de Bron, fille de lad. dame Berrier qui luy demanda une cœffure dud. point qui estoit marquée à cinquante louis (1)... A quoy lad. dame Berrier fist response qu'elle luy bailleroit....

« Et, quelques jours après, lad. des Jugeries et la déposante estant retournées chez lad. dame Berrier, elle leur dist qu'elle avoit desseing de donner une garniture desd. points au sieur de

(1) La déposition de la dame des Jugeries, en relatant le même fait, contient l'addition suivante :

« Au mesme instant survint la dame Berrier quy choisit une coeffure d'un point brodé qu'on luy dist valloir cinq cent cinquante livres, ainsy qu'elle croit et dist lad. dame de Bron que le sieur de la Ferrière, son frère, luy debvoit trente pistolles quy ayderoient à la payer. ...»

Ravenoville (1), son fils, et qu'il falloit que lad. dame des Jugeries
et lad. Gallois choisissent de quoy la composer. Et dans ce temps
survint la femme Morin et tous ensemble tirèrent d'entre les
ouvrages quy furent faits apporter par lad. dame Berrier sur une
table, jusques à quarante-cinq morceaux des mesmes ouvrages
que lad. dame Berrier tira d'avecq les autres. Croit aussy que
lad. dame Berrier dist qu'elle en voulloit prendre de quoy faire
un collet aud. sieur Berrier, son mary. Ne se souvient pas cer-
teynement ce qui en fut faict.

« Et enfin lad. des Jugeries s'ennuyant à Paris et ne pouvant
sortir d'affaires, elle envoya la déposante plusieurs fois chez lad.
femme Morin, pour la pryer de luy faciliter les moyens de se
regler. . . . . . Et une dernière fois y estant retournée, elle trouva
lad. femme, laquelle luy dist qu'elle arrivoit de Versailles vendre
desdits points pour une lottrie (2) que la Royne avoit establye, et
desquels points elle dist à elle qui dépose avoir vendu pour 3,000
livres, la dernière fois, par l'intrigue de madame norice (3) du Roy,
lesquelles 3,000 livres lad. Morin dist avoir donné à lad. dame
Berrier et que mesme elle en avoit vendu auparavant plusieurs
autres, dont elle avoit pareillement donné les deniers à lad.
dame Berrier.

« Dit en outre que lad. Morin luy a dit qu'elle avoit estably un
bureau dans le temps susdit, dans la maison dud. sieur Berrier,
assise au lieu de la Ferrière, où plusieurs filles du lieu et des
environs travailloient aux mesmes ouvrages et qu'elles ne gai-
gnoient qu'un sold par jour, lorsqu'elles scavoient travailler. »

A force d'instances, la dame des Jugeries ayant obtenu de la
dame Berryer un arrêté de compte, il se trouva qu'il lui était dû
6,000 livres, dont le sieur François lui fit un billet, sous le nom

(1) Nicolas-René Berryer, seigneur de Ravenoville, second fils de Louis Berryer,
procureur général du Grand Conseil, marié à Elisabeth-Nicole-Ursule d'Arpolict de
la Rochefontaine. — Ravenoville, canton de Ste-Mère-Eglise, arrondissement de
Valognes (Manche).

En 1676, un arrêt du Conseil d'Etat avait ordonné que Louis Berryer jouirait
« des droits seigneuriaux des échanges et contre-échanges de la terre de Sibran-
tot, compris les fiefs de Ranenouville (sic) et de Marmion, baillés en échange au
dit sieur Berryer pour la terre de Pontrilly-Nigreville et autres fiefs. » (Registres-
Mémoriaux de la Chambre des Comptes, reg. 91).

(2) « Les loteries de la Cour furent à la mode du temps de Louis XIV. Elles
étaient d'une grande magnificence ; on composa même à ce sujet une comédie en
1670. » (Chéruel, Dict. hist.)

Le cabinet des estampes de la Bibliothèque nationale possède une curieuse gra-
vure, reproduite par le Magasin pittoresque (1863, p. 239), qui représente le tirage
d'une loterie royale, en 1681. C'est à peu près la reproduction d'une estampe du
Mercure (Mai 1681, p. 350).

(3) Louis XIV eut pour nourrice, la demoiselle de la Girardière, et pour gouver-
nante, la marquise douairière de Lansac (Inventaire général de l'histoire de France,
par Jean de Serres, 1647, in-folio, p. 1243, col. 4.).

du sieur Marignier. Sur ces entrefaites, la dame Berryer fit faire une vente judiciaire d'une partie des ouvrages appartenant à la société, tant en Point de France qu'en fil de Malines, qu'elle fit racheter, sous main, par son laquais, pour 10,000 livres, quoique d'après l'estimation d'un marchand de Paris, ces dentelles valussent bien 30,000 l. Aux réclamations réitérées de la dame des Jugeries, la dame Berryer, pour toute réponse, se contentait de lui dire : « qu'elle la payeroit ou feroit payer, mais qu'il falloit qu'elle poussât à bout ledit François. »

Le sieur François ne pouvant plus se dissimuler qu'en dépit des garanties que semblait offrir le nom de la dame Berryer, l'affaire dans laquelle il avait engagé ses fonds était décidément mauvaise et qu'au lieu des bénéfices qu'on lui avait fait espérer, il n'avait à recueillir que des pertes, finit par déposer une plainte dans laquelle il dénonçait les malversations commises par la dame Berryer. En conséquence, une ordonnance fut rendue le 21 mars 1682, par le lieutenant civil de Paris, « portant permission d'informer des recels et divertissements des ouvrages, marchandises et effects d'une société et manufacture de Points de France et à la Reyne, qu'y estoit cy-devant entre luy et Catherine Costard, femme de Pierre Morin, ou bien plutost le sieur et dame Berrier, qui se servent du nom de lad. Morin pour la manufacture desd. points. »

Il accusait la dame Berryer et la femme Morin de s'être emparées des fonds provenant des ouvrages fabriqués en province et de ceux qui se brodaient et se façonnaient à l'Hôpital général, au moyen de fraudes de toutes sortes, ventes simulées, etc. Il ajoutait : « La dame Berrier veult avoir les marchandises et ouvrages et argent de la valeur, ce qui n'est pas juste, non plus que de vouloir faire perdre au suppliant 19,000 tant de livres qui luy restent de ce qu'il a avancé et mis de fonds dans lad. société, dont led. sieur Berrier avoit promis de le rembourser et mettre en icelle société un autre associé que luy, raison pour laquelle led. suppliant ne s'est point entremis ny beaucoup immiscé et mis en peine de tout ce qui s'y faisoit sous l'esperance dud. remboursement. »

Les réclamations du sieur François donnèrent lieu à un procès scandaleux qui durait encore en 1685. Cette même année, la révocation de l'édit de Nantes apporta dans tout notre système économique, un ébranlement considérable dont le contre-coup, comme on va le voir se fit particulièrement sentir dans la branche d'industrie dont nous nous occupons.

Dans sa belle histoire de Colbert, M. Pierre Clément, comme tous nos historiens, n'a pas manqué de constater les conséquences désastreuses pour l'industrie, des persécutions dirigées contre les protestants, « dont les richesses et l'activité, dit-il, vivifiaient les manufactures ». Mais il est resté au-dessous de la vérité, en disant que les premiers actes de persécution dirigés contre eux ne datent guère que de 1679 (1).

(1) On a vu plus haut (p. 116. n.) qu'un arrêt du Conseil privé avait été rendu le 22 septembre 1663 contre les merciers grossiers, faisant profession de la R. P. R. Cet arrêt portait : « A l'advenir, aucun ne pourra entrer en l'estat de mercier, soit par apprentissage ou lettre de bulle, qu'il ne fasse profession de la religion catholique, apostolique et romaine, et à l'esgard des fils de maître qui font profession de la R. P. R. qu'il n'en sera receu qu'un seul de chaque famille. » Le Parlement de Rouen, par son arrêt du 15 juillet 1664, fait « inhibitions et deffenses aux maistres de l'estat et mestier de grossier mercier, de recepvoir aucunes personnes de la R. P. R. au dict mestier, jusqu'à ce que le nombre en soit réduict à la quinziesme partie de ceux qui composent le dict nombre. » (Arch. de l'Orne, série B.)

Après une lutte de deux années et plusieurs arrêts contradictoires du Parlement et du Conseil d'Etat, les merciers et les orfèvres faisant profession de la R. P. R. qui s'étaient joints au procès furent maintenus dans le droit de se faire recevoir dans ces métiers, nonobstant toutes oppositions, par arrêt du 10 novembre 1665.

Au reste, la jurisprudence n'avait rien de certain et cette incertitude même rendait plus dure encore la condition des réformés. Ainsi, dans le même temps, le Conseil d'Etat donna gain de cause aux lingères de la ville de Paris, qui avaient inséré dans leurs statuts, un article par lequel elles prétendaient exclure du métier, les non-catholiques, attendu qu'ayant été fondées par saint Louis, elles ne devaient pas souffrir parmi elles des hérétiques. Cet arrêt bizarre est du 21 août 1665.

« Etrange alliance du profane et du sacré, dit M. D*** (Hist. de la Dentelle Paris, au Dépôt belge, 1843, in-12.). Louis XIV exigeait que des mains catholiques touchassent seules aux dentelles dont il parait la beauté de Mlle de la Vallière ! »

Elie Benoît, à propos du même édit, se livre à une réflexion qui peut « servir, dit-il, à faire connoître comment l'esprit humain traite la religion. Quoi qu'il y eût peut-être dans la communauté des lingères, beaucoup de femmes de bien, néanmoins, l'opinion publique ne leur étoit pas avantageuse et, dans l'esprit du peuple, le nom de lingère étoit un préjugé de peu de vertu. Il n'y avoit point de qualité plus suspecte après celle de blanchisseuse... Mais quoiqu'elles fussent peu soigneuses de leur pudeur et qu'elles souffrissent dans leur corps des personnes scandaleuses, elles n'en pouvoient souffrir, néanmoins, que de catholiques, bien moins sensibles au reproche du scandale que de l'hérésie. » (Hist. de l'Édit de Nantes, t. IV. p. 29, 30.)

« On peut s'imaginer, dit Elie Benoît, ancien ministre à Alençon (*Hist. de l'Edit de Nantes*, année 1669.), Combien on faisoit de peine aux Réformés sur le sujet des métiers. A Paris, il n'y avoit que vingt Réformés qui pussent être merciers contre trois cents catholiques. Il y avoit mesme plusieurs mestiers où on n'en recevoit pas un, et ils étoient généralement exclus des nouvelles Manufactures. »

Il était nécessaire d'indiquer au moins quelques-unes de ces mesures que Louis XIV regretta plus tard et qui atteignirent directement toutes les industries. Le génie de Colbert et l'énergie indomptable que déploya ce grand ministre pour favoriser le développement de la richesse nationale ne devaient pas suffire à compenser ces pertes. Il ne faut pas oublier, en effet, que la plus grande partie des capitaux en circulation appartenait alors aux protestants. L'opinion théologique qui interdisait aux catholiques le prêt à intérêt avait eu pour conséquence de mettre entre les mains des dissidents, juifs et protestants, l'un des principaux éléments de la production (1). L'auteur de la monographie la plus complète qui ait été écrite sur la *Dentelle*, M. Séguin n'a pas manqué de le remarquer. « Les Huguenots, dit-il, admettaient le prêt à intérêt (2) ; aussi les capitaux abondaient-ils pour leurs entreprises, et ainsi s'explique la cause qui avait mis dans leurs mains presque toutes les grandes industries et la diminution considérable de leur importance lors de la funeste et regrettable émigration causée par la révocation de l'édit de Nantes. »

En parcourant les extraits des contrats de mariage qui servent de preuves à la première partie du présent travail, on constate qu'au début, plus de la moitié des jeunes filles d'Alençon se livrant

(1) Quelques personnes peuvent trouver hors de propos que les graves questions des instruments de la production, de la circulation et de la distribution de la richesse soient ici mises en avant à propos d'une industrie qui semble exiger si peu de capitaux. Nous avons des preuves nombreuses que, même pour la fabrication de la dentelle, l'intervention des capitaux était nécessaire et jouait un rôle important. Dans les documents que j'ai sous les yeux, il est plus d'une fois question de sommes empruntées pour faire fabriquer du Point d'Alençon. La société de capitalistes qui se forma en 1665 pour l'exploitation du monopole de la fabrication et le succès qu'elle réalisa sont d'ailleurs des preuves évidentes que le travail de la dentelle ne fait nullement exception aux lois économiques qui régissent toutes les industries.

(2) Calvin dans ses *Lettres* avait réfuté l'opinion erronée d'Aristote sur le prêt à intérêt, admise par saint Thomas et par la théologie catholique. — L'un des derniers défenseurs de cette opinion a été parmi nous M. l'abbé Brionne, professeur de philosophie au grand séminaire de Sées, auteur de deux mémoires sur le *Prêt à intérêt*, publiées en 1836 et 1837.

à la fabrication de la dentelle appartenaient à la religion réformée. Plus tard cette proportion paraît avoir changé, mais il est permis d'y voir précisément, l'effet des persécutions croissantes qui, dès 1663, comme on l'a vu, s'appesantirent sur les protestants (1). Ce qui est certain, c'est que l'émigration commença, dans la généralité d'Alençon, beaucoup plus tôt qu'on ne le croit communément.

Un édit du mois d'Août 1669 avait interdit à tous les sujets du roi de se fixer dans les pays étrangers, à peine de confiscation de corps et de biens. Or, nous avons la preuve qu'à cette époque, un certain nombre de familles d'Alençon avaient déjà plusieurs de leurs membres en Angleterre. Les lettres de deux jeunes filles d'Alençon, Marie et Marguerite Coupard, alliées ou amies des principaux fabricants de point, de Mme de la Perrière, leur cousine, Mme Collet, les Fenouilhet, les Taunay, les Gilbert, etc., nous fournissent à cet égard des détails intimes qui ne manquent pas d'intérêt. On ne trouvera pas hors de propos que j'en donne ici l'analyse.

En 1669 vivait à Alençon un vieux chirurgien nommé Antoine Coupard, d'une famille profondément attachée à la religion protestante, dont la maison était située place du Palais. Resté veuf avec ses trois filles, Antoine Coupard avait concentré sur elles toute son affection. Deux de ces jeunes filles, Marie et Marguerite, avaient fait abjuration vers 1667 et s'étaient retirées aux Filles-Notre-Dame. Mais au bout de deux ans, rentrées dans leur famille, elles étaient retournées à la religion protestante et avaient pris le parti de s'enfuir en Angleterre. Les relations étaient fréquentes à cette

---

(1) « Les meilleures familles de la ville étaient toutes huguenotes, » dit Odolant Desnos (*Mém. hist. sur Alençon*, seconde édition, publiée et annotée par M. Léon de La Sicotière, p. 180).

« Un arrêt du Conseil, du 20 octobre 1664, ordonna la démolition du temple, situé dans l'intérieur de la ville, dans l'emplacement où est aujourd'hui le grenier à sel et leur permit d'en construire un autre à l'extrémité d'un des faubourgs de la ville .... Les protestants dont la destruction avait été arrêtée dans le Conseil du roi, éprouvèrent à Alençon, depuis ce temps, chaque année, quelque évènement fâcheux. Ils étaient réduits à souffrir les insultes fréquentes d'une populace grossière ameutée par les fanatiques et à supporter toutes les injustices des catholiques, ou bien à se voir condamner » (Ibid. p. 184, 185). — On peut citer par exemple, l'information du 3 mars 1665, « sur la dénontiation faite par M. Pierre Le Conte, prestre habitué en l'église Notre-Dame de cette ville d'Alençon, pour pervertissement prétendu faict de la damoiselle Du Bouschet, native de Fresnay, à la sollicitation du dénommé Sauvage, ministre de la religion prétendue réformée et les autres personnes faisant profession de ladite religion prétendue réformée. »

2

époque entre la France et l'Angleterre, et dès 1669 on comptait un bon nombre de familles alençonnaises à Londres. Les demoiselles Coupard s'étaient assurées qu'elles y trouveraient des amis et elles espéraient qu'en faisant et en vendant du point d'Alençon elles réussiraient à subvenir à leurs dépenses. Le 29 août 1669, Marie Coupard, peu de temps après son arrivée à Londres, écrivait à son père :

« Nous sommes assés bien où nous sommes, Dieu merci; l'on nous a reçu avec bien de la ljoie. Je voudrois seulement avoir apporté deux ou trois c. d. p. (collets de point) ; mais il ne faut ici que du plus fin et il n'i a point ici de patrons ni d'ouvrières. Quand Madame de la Louvrie sera arrivée nous tâcherons de nous accommoder. »

30 septembre 1669. — « Je vous dirai que nous sortons de chés M. Duval. Nous allons demeurer avec Madame Guilbaus, autrement Madame Charpentier. Son mari est allé faire un tour en France... L'on ne fait rien du tout ici aux ouvrages. Il y est tout aussi commun comme en France ; il n'y a personne qui ne se mêle d'en faire venir et d'en vendre, malgré le danger qu'il y a à cela (1). Monsieur Pilon vous dira ce qui leur est arrivé à Madame La Louvrie et à lui pour en avoir apporté ici. »

1er février 1670. — « Je vous dirai que j'ai été encore dix jours chez Monsieur Héraut (2). Ils m'aiment bien comme si j'étois leur enfant propre. Pour ce qui est des ouvrages, ils ne vont point encore bien, le deuil continuant toujours, mais nous epérons que le temps ne sera pas si longtemps mauvais. »

Quoique fort pauvres elles-mêmes, les demoiselles Coupard avaient trouvé moyen de donner asile à un réfugié alençonnais, le jeune de Beauport, leur cousin, auquel elles avaient appris à faire du point de Paris.

21 mars 1670. — « Pour en revenir à M. de Beauport, je vous assure que nous ne le retenons point ici et s'il plaît à Dieu, il s'en ira si tôt que Pâques sera passé. Il ne faut pas non plus que vous

(1) Charles II, dit Mme Bury Palliser, renouvela les prohibitions de son père contre les dentelles étrangères, mais sans s'y conformer pour son propre compte. Un nouvel édit de prohibition (1662) n'eut pour effet que d'augmenter la contrebande. (Histoire de la Dentelle, p. 106 et 294.)

(2) Louis Héraut, ministre de l'église réformée d'Alençon, de 1631 à 1637 environ, appelé vers cette époque en Angleterre pour desservir l'église wallonne. A la mort de Charles Ier il publia un recueil de discours dans lequel il protesta contre la sentence prononcée par le Parlement contre ce monarque, son bienfaiteur. Forcé de revenir en France, il reprit son ancien poste à Alençon. On a de lui un recueil de sermons prêchés dans cette ville et dédié à Charles II. Rappelé en Angleterre à la restauration des Stuarts il fut chargé de nouveau de la direction de l'église wallonne et mourut chanoine de Cantorbéri (Odolant Desnos, II, p. 513, 514, n.)

croyiez que nous lui ayons prêté de l'argent. Il a toujours fait du point de Paris depuis qu'il est en Angleterre et s'y tient aussi assidu comme nous, c'est-à-dire depuis le matin jusqu'au soir sans sortir qu'une fois tous les dimanches pour aller à l'église et puis s'en revenir enfermer en sa maison. Voilà la vie que nous menons depuis que nous sommes en ce pays. Monsieur et Mademoiselle Duval vous baisent les mains et vous remercient de votre souvenir.

« P.-S. Je lui suis fort obligée (à sa sœur Marion Coupard) de ce qu'elle nous doit envoier de la dent (dentelle). Pas oublier nos saume (psaumes) et les deus coifes, une de *colberde* (1) et une de *prisonnière* (2), mais qu'elle soit d'une aune. »

Il paraît qu'à Alençon on avait peine à croire, tant la fabrication du point y était prospère, que les demoiselles Coupard ne pussent suffire à leurs besoins par leur travail. Antoine Coupard aurait même dit à ses filles qu'il était surprenant qu'elles n'eussent pas encore fait un seul collet de dentelle. Voici la réponse de Marie Coupard :

« Pour répondre à la votre de point en point, je commencerai par le colet que vous dites que nous devrions avoir fait. Je vous assure de vérité que si nous avions cru qu'il y eût quelque chose à faire que nous l'aurions fait, quand ce n'eût été que pour vous obéir; mais je vous jure que ce n'auroit pas été notre avantage, puisqu'ils sont à si grand marché en ce pays ici que ce n'est pas la peine de s'ennuyer à les faire. Enfin je vous dirai que M. Duval et M. de La Louvrie en avaient fait faire un dès le commencement que nous arrivâmes ici, que nous avons relevé, ma sœur et moi, qui étoit fin et fort beau : je vous assure qu'il n'est pas encore vendu; et ils seront contraints de le vendre à perte.

« Pour ce qui est de M. de Beauport, je vous puis assurer, sans mensonge, que nous ne lui avons pas prêté un sou et que pen-

(1) Dès le 20 novembre 1669, Marie Coupard priait son père de ne pas manquer de lui envoyer « une coife de *colberde* à la mode. » Elle ajoutait : « Il la faut ronde si vous plaît. C'est qu'ici elles sont horriblement chères, car cela vient de France, et tout ce qui en vient est horriblement cher. »

Il est souvent question dans les auteurs anglais, remarque Mme Bury Palliser, d'une dentelle qu'on nomme *colbertine*. « C'est, dit l'un d'eux, une dentelle fort à jour, à réseau carré. » Un autre (Evelyn) fait dériver *colbertine* de Colbert, parce que, selon lui, « cette dentelle est une imitation du point dont M. Colbert a fondé en France des manufactures royales, » et le *Dictionnaire des Dames* répète cette définition d'autant plus incompréhensible que la *colbertine* n'a aucune ressemblance avec le point d'Alençon. » (Mme Bury Palliser. *Histoire de la Dentelle*, p. 294.) — Les lettres des demoiselles Coupard paraissent trancher la question de l'origine de la colbertine en faveur de la France. Il faut remarquer encore que dans les comptes de dentelles de la reine Marie, fille de Jacques II, on trouve des barbes « à la Mazarine. »

(2) *Prisonnière*, sorte d'étamine fort légère.

dant qu'il a été ici, qu'il a autant travaillé que nous. Il a toujours tracé du point de Paris et il ne sortoit non plus que nous tous les dimanches; et je puis dire qu'il n'y a point de fille à Alençon qui travaille autant que nous faisons ma sœur et moi. Mais vous saurez aussy, s'il vous plaît, que la dépense y est plus grande deux fois qu'en notre pays, pour toutes choses en général. »

Les lettres suivantes nous fournissent la preuve que les espérances qu'avaient conçues les demoiselles Coupard furent loin de se réaliser : « Je vous assure sans mensonge, écrit Marie Coupard à son père, que l'on ne fait quoi que ce soit au point. »

Dans une autre lettre elle dit : « Pour Boulai, il s'en retourne eu France avec ses ouvrages ne les ayant pas vendus ici. »

Il est encore question de dentelles et de toilette dans la correspondance des demoiselles Coupard, mais de dentelles à leur usage et non plus comme objet de commerce :

29 juillet 1672. — « Pour les jupes dont vous parlés, vous les ferés, s'il vous plaît, chamarrer parce que l'on n'en porte point du tout ici si elles ne le sont; mais que la dentelle soit de couleur bien douce. N'en mettés pas de blanche, s'il vous plaît, parce qu'on n'en porte point, principalement sur les jupes de soie. »

Les demoiselles Coupard s'étaient vainement flattées de l'espoir que leur séjour en Angleterre serait de courte durée et que lorsque la liberté de conscience serait rétablie, elles pourraient repasser en France. Les lois rigoureuses édictées contre les relaps mirent un obstacle invincible à leur retour dans leur patrie. Il fallut se résigner à rester en Angleterre. Toutes deux s'y marièrent, Marie avec un réfugié alençonnais, M. Dubois du Plessis, qui entra comme garde du corps au service du roi d'Angleterre et qui, grâce à ces fonctions, eut le privilège de pouvoir faire un voyage en France et de passer même à Alençon. Leur beau-frère, M. Le Vilain de Beauménil, veuf de la fille aînée d'Antoine Coupard au bout de peu de mois de mariage, vint les rejoindre à Londres et entra également aux gardes du corps. Quant au vieux chirurgien de la place du Palais, il mourut dans la tristesse et l'isolement, peu de temps après avoir fait abjuration. Ses biens n'en furent pas moins confisqués au profit de la duchesse de Guise et d'Alençon. Déclarées mortes civilement et exécutées en effigie comme relapses, les demoiselles Coupard furent condamnées à n'avoir plus désormais aucune relation avec la France.

Parmi les réfugiés alençonnais dont le nom occupe une place

dans la correspondance des demoiselles Coupard, on remarque
celui du « petit des Communes. » Jacques Collet des Communes,
fils d'un marchand de draps d'Alençon que ses affaires appelaient
fréquemment à Paris avait, tout jeune encore, été envoyé en Angleterre par son père, qui ne trouvait pas d'autre moyen de le
soustraire aux obsessions dont il était l'objet de la part de quelques catholiques zélés, dans le but de l'amener au ca-
tholicisme. Placé à Londres sous la tutelle des demoiselles Coupard, il avait été admis chez un fabricant d'ouvrages en soie et
avait fini par devenir assez habile pour travailler en fleurs. Revenu à Alençon en 1679, quelque temps après la mort de son père,
il s'y était établi comme marchand de point. En 1684, au moment
où les mesures les plus rigoureuses allaient être prises pour en finir avec l'hérésie, Jacques Collet fut dénoncé comme relaps. Des
témoins déclarèrent qu'il avait abjuré le protestantisme vers l'âge
de douze à treize ans et que ce n'est qu'ensuite qu'il était allé
en Angleterre. Il fut, en conséquence, arrêté et emprisonné. Cependant il obtint après plusieurs semaines de détention, sa mise
en liberté provisoire. On ignore quelle fut l'issue du procès et s'il
resta en France. On le perd de vue à partir de cette époque. Il ne
paraît pas, en tous cas, qu'il ait continué le commerce de point.

Parmi les marchands de point qu'on trouve à Alençon à cette
époque, la société formée par Gabriel Gence, Charles Guillon et
Louis Marescot « marchands trafiquants des ouvrages de veslin
et points de France en cette ville et forbourg d'Alençon et lieux
circonvoisins » mérite une mention particulière. Une requête
présentée par eux au bailli d'Alençon, en 1680, nous apprend
qu'ils avaient fait faire à grand prix de nouveaux dessins, d'une
finesse remarquable, et que leurs concurrents cherchaient par
tous les moyens à se procurer ces patrons, afin de les contrefaire.
La permission d'informer et de faire fulminer un monitoire fut
accordée par Jacques Le Comte, sieur de la Marcellerie, lieutenant général criminel du bailliage d'Alençon, le 4 avril 1680. Le
monitoire ne se trouve plus au dossier, mais nous avons l'interrogatoire des témoins.
Le 15 mai, « demoiselle Marguerite Bachelier, femme de Nicolas de Montigny, commis aux aides de cette ville et y demeurant au faubourg de Lancrel, âgée de trente ans, » déposa que

pendant quelque temps elle avoit esté servye par la nommée Lévesque laquelle luy dit, il y a environ deux mois, qu'une femme de cette ville luy avoit donné deux morceaux de points de France pour les vendre et que, les ayant portés chez une personne qu'elle lui nomma, ladite personne ayant trouvé lesdits morceaux trop fins, luy avoit dit de les porter chez ledit Marescot, ce qui ayant esté fait par ladite Lévesque, ledit Marescot et sa femme recognurent lesdits morceaux pour leur apartenir et ne les voulurent vendre, disant à ladite Lévesque qu'elle envoyast la femme qui les luy avoit baillés. Laquelle Lévesque estant retournée chez ladite femme elle la pria instamment de ne la point nommer. »

Un autre déposant, Jean Despierres, commis au greffe du bailliage, déclara qu'à la même époque Marescot « s'estant plaint de ce qu'on leur avait desrobé deux morceaux de points de France et qu'on les avoit reportez chez luy en ayant osté sa marque, » il accompagna « chez la nommée Lévesque quy demeure rue des Potteries en ceste ville, » et que cette femme refusa de faire connaître « ceulx qui luy avoient baillé lesdits morceaux. »

La femme Lévesque, inculpée de complicité de recel et assignée à comparoir par devant le lieutenant général criminel pour être ouïe par sa bouche sur les faits à elle imposés, fit les réponses suivantes :

« A répondu qu'elle n'a jamais porté chez les marchands ni autrement aucuns morceaux de point de France pour aucunes autres personnes que pour elle-mesme et sa petite fille, sinon qu'au caresme dernier, ne se souvient plus du jour, estant la déposante dans sa maison, rue des Potteries, y entra ladite Gousde, veufve de deffunct Pierre Busnel, mesureur du sel, laquelle pria là déposante de venir jusques dans sa maison qui est fort peu éloignée, où estant, ladite veufve Busnel luy montra deux morceaux de points de France d'un ouvrage fort fin, et la pria de les porter à la porte de Lancrel, chez les demoiselles Lesaige, dont l'aisnée est mariée au sieur Bonvoust, lieutenant particulier en la vicomté de ce lieu et de les vendre neuf livres. Et y estant elle qui respond allée, une servante luy estant venu ouvrir la porte, elle luy bailla lesdits deux morceaux pour les faire voir à ses maistresses, auxquelles la répondante ne parla point; ce qui ayant esté fait par ladite servante elle retourna incontinent et dit à la répondante que ses maistresses n'ayant point d'ouvrage aussy fin, elles ne vouloint point desdits deux morceaux, lesquels la répondante reporta aussi tost à ladite veuve Busnel qui la pria de les porter chez le sieur Louis Marescot qui en fait traficq et commerce et de luy en demander la façon et luy dire qu'elle les avoit faits. Et estant aussitost allée chez ledit Marescot, elle n'y trouva que sa femme, laquelle luy demanda le nom de la personne qui luy avoit mis lesdits deux morceaux entre les mains et qu'elle eust à la nommer, parce que lesdits morceaux lui apartenoient...

« Et comme elle se défya qu'il pouvoit y avoir quelque friponerie, elle retourna, dans le mesme moment, chez ladite veufve Busnel, à laquelle ayant dit que la femme dudit Marescot avoit retenu lesdits deux morceaux et avoit voulu obliger la répondante de nommer la personne qui les luy avoit baillés, ladite veufve Busnel et sa fille aisnée, qui y avoit toujours été présente, prièrent elle qui répond de ne les nommer point. Et parce que la répondante faisoit des reproches à ladite veuve Busnel, ladite veuve luy dit que lesdits deux morceaux luy avoient esté baillés par une fille des champs, laquelle travaillant pour ledit Marescot luy avoit porté des morceaux du payement desquels elle n'estoit pas satisfaite. »

Nous ignorons l'issue de l'affaire, ce qui importe peu, tout l'intérêt de ces procédures, très-nombreuses à cette époque, consistant dans les détails qu'elles nous révèlent incidemment. Telle est encore la rixe qui eut lieu le 16 octobre 1682 entre Marie Ouzille, femme de Nicolas Boullay, marchand tanneur, et Gastienne Rousseau, femme de Denis Lecamus, tanneur, et Renée Lecamus, leur fille. La femme Lecamus étant allée chez la femme Boullay y rencontra Hélène Le Paulmier « laquelle travailloit à un morceau d'ouvrage de point de France que ladite Ouzille luy avoit baillé à faire, ainsi qu'elle a accoutumé, l'ayant à journée, à ce dessain » et lui arracha de force le morceau d'entre les mains.

« Et estant ladite Ouzille survenue aux cris de ladite Paulmier et ayant appris quel en estoit le subjet, elle auroit suivi ladite femme Lecamus jusques dans la rue et luy ayant demandé la restitution de son morceau, elle auroit dit que ladite Paulmier luy devoit 17 s. A quoy ladite Ouzille ayant reparty que sa marchandise ne devoit pas paier les debtes d'autruy et qu'elle ne devoit pas prendre son ouvrage pour la debte prétendue de son ouvrière, et que si elle persistoit à le retenir, qu'elle la feroit assigner en rap (sic) et expolliation, pour la faire condamner de rendre ce qu'elle avoit mal pris, elle auroit donné à ladite Ouzille deux grands soufflets et icelle renversée par terre, à l'assistance et complicité de Renée, sa fille, laquelle luy ayant arraché et déchiré ses coiffes et collet et commis quantité d'outrages, à cause desquels, elle est grièvement malade et retenue au lict et mesme en péril, à cause desdites violences commises en sa personne et de la faiblesse où elle estoit desjà, à cause de sa grossesse, la considération de laquelle devoit empescher lesdits accusés de maltraiter ainsi cruellement ladite Ouzille. »

Hélène Paumier, dans sa déposition, ajoute quelques détails au récit de Marie Ouzille, femme Boullay.

« Dépose qu'estant hier matin en la chambre dudit Boullay où elle travailloit en un morceau de point de France qui apartenoit à ladite Ouzille qui y estoit présente, la femme dudit Camus y entra et demanda à la déposante si elle travailloit pour elle et où estoit son morceau ; et ayant répondu qu'elle travailloit pour ladite Ouzille, à laquelle elle debvoit quelque argent et qu'après cela elle travailleroit pour ladite Camus dans son morceau qui estoit alors dans le coffre d'elle qui dépose, ce qui entendu par ladite Camus, elle se jetta sur le morceau où la déposante travailloit, luy arracha des mains, l'emporta et sortit de ladite chambre et fut suivie de ladite Ouzille qui alloit après elle. Demeura la déposante dans ladite chambre et ne vit point ce qui se passa dans la rue où elle entendit quelque bruit ; et environ demie heure après ladite Ouzille retourna dans ladite chambre pleurant et disant que ladite Camus et sa fille la venoient de maltraiter. Remarqua la déposante qu'une coueffe de point de France qu'elle avoit sur sa teste et qu'elle disoit bien valoir quatre escus, estoit déchirée en plusieurs morceaux. »

L'interrogatoire de Renée Lecamus nous fait connaître la fin de la scène. Après que sa mère eut emporté le morceau d'ouvrage qu'elle avoit arraché à la fille Paulmier, elle dit en rentrant dans sa maison. « Voilà celuy à la plus belle ! qu'elle n'aura point si elle ne me rend dix-sept sols et demi dont elle m'est redevable. » La femme Boullay arriva aussitôt et lui dit : « Rendez-moy mon morceau, effrontée ! et qu'elle ne sortirait qu'en emportant un de ses ouvrages. » Là-dessus nouvelle bataille, cornette déchirée, soufflets échangés.

« Interrogée si elle ne dit pas en montrant son doigt et y ayant quelques légères égratignures que cela ne l'empescheroit de gagner deux sols six deniers ledit jour, le tout en se moquant de ladite Boullay et luy disant plusieurs injures aussy bien que sa mère.

« A répondu que le contenu audit interrogatoire n'est pas véritable. »

Le procès criminel intenté en 1682 à Elisabeth Hobon, pour vols de dentelles commis dans les églises d'Alençon, renferme également certains détails curieux. Dans son interrogatoire du 22 décembre 1681, l'accusée déclara que vers l'âge de dix-huit ans, elle était allée demeurer « chez le nommé Launay qui a plusieurs ouvrières chez luy qui font du point de France, où elle aprist à y travailler, ce qu'elle a depuis continué de faire, gagnant sa vie à relever lesdits ouvrages. » Son arrestation avait eu lieu la veille, à six heures du soir, comme elle se retirait chez la veuve Boüillie où elle logeait, rue de la Gueule-d'Enfer. Conduite chez le sieur Goujou, sacriste de Notre-Dame, qui demeurait au carrefour du Puits-des-Forges, on lui demanda si elle avait connaissance « de qui avait pris une nape d'autel et du point de France que l'on met le long d'un devant d'autel et une autre dentelle que l'on met autour de la cherre du prédicateur. » Elle répondit « que la nape d'autel avait été prise par une nommée Cathaut Delaporte, du bourg de la Pôté, avec qui elle avait travaill. et qui en avait fait faire une jupe. » Conduite en prison, elle fit des aveux complets.

« Elle advoua qu'au mois d'aoust dernier elle s'estoit laissée enfermer en ladite église Nostre-Dame, s'estant cachée dans un banc et y avoit passé une nuict, pendant laquelle elle entra dans le cœur par la chapelle du Rosaire et passa contre la muraille entre la closture dudit cœur qui est large en cet endroit et détacha environ deux aulnes de point de France de hauteur, aprochant de quatre doigts qui estoit le long du devant d'autel. Et estant retournée se cacher dans le banc des thrésoriers de France de ce lieu, lorsque le jour fut venu et qu'il entra du monde en ladite église, elle en sortit et, sur les huit heures du matin, elle alla chez une femme que l'on nomme la Pistollière, à laquelle elle bailla lesdits deux aulnes de point de France qu'elle dit qu'on luy avoit baillés à vendre, sans s'en estre autrement expliquée, laquelle Pistollière, qui est une revendeuse, elle pria de vouloir bien vendre ledit point de France...

« Et environ un mois après, estant entrée dans ladite église Nostre-Dame, pour aller à la première messe qui se dit à quatre heures et demie du matin, voyant qu'il ne faisoit pas encore jour elle monta dans la chesse (sic) du prédicateur et détacha environ deux aulnes de point de Paris qui en faisoient le tour; et deux jours après, elle porta ledit point à la Pistollière, laquelle dit à la répondante de l'aller attendre aux Etaux; et environ une demie heure après, y estant venue trouver la répondante, elle luy bailla 45 sols qu'elle disoit avoir vendu ledit point à des demoiselles dont elle ne dit le nom...

« Et encore quinze jours après, estant allée sur les six à sept heures du soir, à nuict fermante à la chapelle Saint-Blaise, au faubourg du mesme nom, où l'on a acoustumé d'aller prier Dieu tous les soirs, y estant entrée et s'y voyant seule, elle détacha d'un devant d'autel environ une aulne et demie de pied de point de France qui n'estoit point relevé, qu'elle emporta et l'alla vendre à une femme que l'on nomme la Maindée qui demeure au faubourg de Monsort la somme de vingt sols. »

« Cette malheureuse qui commit encore plusieurs autres vols, ne semblait pas avoir conscience de la gravité de ces délits. Réduite à la plus profonde misère, elle avoua que trois semaines avant son arrestation elle avait été contrainte de vendre, pour avoir du pain, un peignoir en linge, appelé une *christine*, qu'elle portait et qu'elle avait acheté dix sous à la Pistollière. Voici comment elle avait passé la nuit du samedi 20 au dimanche 22 décembre où elle fut arrêtée.

« Samedi dernier, au soir, n'ayant aucun lieu où se retirer, ni se coucher, elle alla dans la montée de Ruel, huissier, de laquelle la femme dudit Ruel l'ayant obligée de sortir elle fut suivie par un jeune homme... Et comme ils furent devant la place du Palais de ce lieu, ils y furent joints par plusieurs autres jeunes hommes, desquels elle recognent les nommés Barier et Lorier qui maltraitèrent beaucoup la répondante, quoiqu'elle n'eust dessain de faire aucun mal et luy arrachèrent sa couefte de tafetas, deux coueffes de linge à dantelle, un mouchoir de col et son manchon et luy emportèrent le tout. »

Le second interrogatoire subi par Elisabeth Hobon, le 8 janvier 1682, complète le premier.

« Interrogée si le dimanche vingt-unième de décembre dont elle fut arrestée le soir, elle n'entra pas de grand matin dans l'église Nostre-Dame, y monta dans la cherre du prédicateur et y prit le tour de ladite cherre qui estoit d'un linge d'un quart de hault, avecq une vieille et ancienne dentelle, le tout de deux aulnes de long...

« A répondu que plusieurs jeunes gens l'ayant rencontrée comme elle a dit par son premier interrogatoire, dans la place du Palais de ce lieu, le sabmedy au soir, vingtième du mois de décembre dernier, ils la découchèrent, ensuite de quoy elle passa la nit dans une allée de la rue aux Sieurs. Et comme le lendemain dimanche, sur les cinq heures du matin elle alloit à la messe en l'église Saint-Léonard, elle rencontra aux Etaux, en y passant un petit garçon qui demeure audit lieu, asgé d'environ quinze ans et que l'on nomme Louis Jousselin, lequel ayant aperçu la répondante sans couvre-chef luy dit qu'il y avoit un linge autour de la cherre de l'église Nostre-Dame et que si elle vouloit, il l'iroit prendre et luy bailleroit, ce qu'elle accepta. Et estant ensemble entrés en ladite église Nostre-Dame, le petit garçon monta dans la cherre, prict le linge et dantelle qui en faisoient le tour et estant descendu, il le déchira en garda la moitié pour luy et donna l'autre à la répondante, moyennant quatre sols qu'elle luy bailla; de partie duquel linge elle se fit une cornette, et le surplus de ladite moitié elle l'avoit mis dans sa pochette où il fut trouvé lorsqu'elle fut fouillée dans sa prison. »

Condamnée à être pendue en la place du Palais, par sentence

du bailli d'Alençon du 16 janvier 1682, Catherine Hobon porta appel au Parlement de Rouen, qui, par son arrêt du 10 juin 1682, lui faisant grâce de la vie, lui appliqua la peine suivante :

« La Cour... condamne ladite Hobon à   livres d'amende envers le Roy, à faire réparation honorable devant le portail de l'église d'Alençon, teste et pieds nuds, la corde au col, tenant en ses mains une torche du poids de deux livres, et là demander pardon à Dieu, au Roy et à justice ; ce faict estre battue nue de verges par trois jours de marché consécutifs par les rues et lieus ordinaires dudict Alençon jusques à effusion de sang, estre marquée de la marque aux larrons sur les deux espaules, estre bannie à perpétuité du royaume. »

L'analyse de ces procès, curieux surtout au point de vue de l'étude des mœurs, nous apprend peu de chose sur la situation de l'industrie dont nous nous occupons. Rien ne semble indiquer que le commerce de la dentelle fût très-prospère à Alençon au moment où la révocation de l'édit de Nantes vint frapper un bon nombre de familles alençonnaises et apporter un trouble incontestable dans les fortunes, par conséquent dans les industries tributaires du luxe. Il ne faut pas oublier non plus de tenir compte des mouvements capricieux de la mode. Si les fines dentelles en point de France dont Lebrun peut-être avait dessiné les patrons (1), étaient surtout en faveur autour de Louis XIV, témoin Mme de Montespan, dont le règne finit vers 1686 et que Mme de Sévigné nous représente « tout habillée de point de France (2), » les dentelles étrangères et particulièrement les dentelles de Bruxelles dites d'Angleterre (3), faisaient aux produits indigènes une sérieuse concurrence.

(1) H. Baudrillard. *Histoire du Luxe*, t. IV, p. 172. Lebrun, dit-il fut l'organisateur de toutes les industries qui ont des rapports avec les arts. Les étoffes ne se brochèrent que d'après les cartons qu'il avait fait tracer.

(2) *Lettres de Mme de Sévigné* (26 juillet 1676). — V. aussi P. Clément, *Madame de Montespan et Louis XIV* (Paris, Didier, 1868).

(3) Il est d'usage de désigner sous le nom de point d'Angleterre le point de Bruxelles, erreur dont Mme Bury Palliser explique l'origine. Les fabricants anglais ne pouvant parvenir à faire d'aussi belles dentelles que celles de Bruxelles eurent recours à un expédient bien simple. « Possédant les capitaux nécessaires, ils achetèrent les plus belles dentelles de Bruxelles les firent entrer en contrebande et les vendirent sous le nom de point d'Angleterre ou point anglais. » Cette supercherie eut surtout le plus grand succès en France où l'introduction des dentelles de Bruxelles était sévèrement interdite. Elle paraît avoir été exploitée sur une grande échelle par le commerce anglais, comme on peut en juger par l'importance de la cargaison prise en 1678 par le marquis de Nesmond.

La prise faite en 1678 par le marquis de Nesmond, d'un navire chargé de dentelles de Flandre, à destination de l'Angleterre, dut suffire pendant quelque temps à approvisionner toutes les boutiques de nos marchandes de modes. La cargaison se composait de 744, 953 aunes de dentelles, non compris les mouchoirs, cols, fichus, tabliers, jupons, éventails, gants, tout garnis de dentelles (*Mercure galant*, 1678).

Un arrêt du Conseil d'Etat du 12 mars 1691 nous révèle l'artifice dont usaient les marchands pour introduire en fraude les soi-disant dentelles d'Angleterre façonnées à Bruxelles et faire concurrence à nos fabricants de point (1).

« Les ouvriers qui travaillent aux dentelles de fil, dit l'arrêt, ont, depuis quelques années, inventé une façon de dentelles faites par morceaux ou pièces de rapport, qui sont ensuite rassemblées au fuseau, appelées communément dentelles d'Angleterre ou dentelles de Bruxelles, dont la fabrique est très-mauvaise et l'usage de peu de durée... Cette nouvelle façon de dentelles pourroit insensiblement diminuer la qualité et valeur des autres bonnes dentelles

« Sa Majesté désirant empêcher un abus si préjudiciable au commerce et au bien de ses sujets, a défendu et défend très-expressément à tous ouvriers et ouvrières de faire, huit jours après la publication du présent arrest, aucune aunages, cravates, peignoirs, toilettes et autres ouvrages de dentelles de fil par pièces et morceaux séparez, assemblez et attachez au fuseau, appelés communément et connues dans le commerce sous le nom de dentelles d'Angleterre ou de Bruxelles, à peine de confiscation et de trois mil livres d'amende, et à toutes marchandes lingères et autres faisant commerce de dentelles de fil d'en acheter de la nature susdite après ledit terme de huit jours expiré...

« Ordonne Sa Majesté que dans ledit espace de huit jours après la publication du présent arrest, lesdits marchands et ouvriers seront tenus de faire devant les juges des lieux leurs déclarations, tant des ouvrages parfaits qu'ils auront entre leurs mains que de ceux qu'ils auront commencez, pour être lesdits ouvrages marquez d'une marque particulière, et que lesdits marchands seront tenus de se défaire des susdits ouvrages avant le premier jour du mois d'aoust prochain. »

Associés aux dentelles communes de Belgique, les produits

---

(1) M. Levasseur (*Histoire des classes ouvrières*, t. II, p. 284) remarque qu'après Colbert les tarifs des douanes ayant été révisés, mais d'après un système infiniment moins intelligent et moins avantageux pour le commerce français, il en résulta que les Hollandais, chassés de nos marchés, introduisirent en fraude leurs propres produits et firent ainsi aux industriels français une concurrence dangereuse.

supérieurs et vraiment artistiques du travail à l'aiguille ne pouvaient manquer d'être grandement dépréciés par suite de ce voisinage compromettant et de déchoir de la vieille renommée qui faisait donner au point d'Alençon le surnom mérité de « dentelle éternelle. » Nous avons la preuve que les marchands de point d'Alençon commirent cette lourde faute. C'est ce que nous révèle une procédure qu'il est encore nécessaire d'analyser. Au mois de février 1693, François Choisne, marchand mercier-joaillier, fit soutenir par son procureur, devant le lieutenant général au bailliage, les conclusions suivantes :

« M° Léonard Duval, advocat, parlant pour ledit Choisne en personne, par Fauchehault son procureur, lequel a dit qu'en vertu des règles et statuts du corps du métier de mercier-jouaillier, estably en cett ville d'Alençon et de la permission par nous à luy accordée le 4° de décembre dernier de faire saisir ceux des habitans de cette ville et autres qui, sans droit et qualité, vendent et débitent des marchandises en cette ville et fauxbourgs, qui ne peuvent estre vendues ni débitées en gros et en détail, par eschange ou autrement que par lesdits marchands merciers-jouailliers... Et mis en affirmation de preuve que le sieur Dubois, qui n'est point marchand mercier-jouaillier de cette ville ni imposé aux charges et taxes mises sur ledit corps de mestier tient magasin en sa maison, en cette ville situé en la rue de la Juiverie, vendant journellement en icelle et hors d'icelle des toiles fines et *toutes sortes de dentelles et du fil de Malines et Bretagne...* Ledit Dubois ayant seulement recogneu que sa femme en distribuoit pour faire faire des ouvrages ; lequel traficq et commerce ledit sieur Dubois fait depuis six ans ou environ. »

Voici un extrait de la réplique faite au nom de Dubois :

« Il y a lieu d'estre surpris que le sieur Choisne méconnaisse sa qualité au sujet de ce commerce, puisqu'il scait qu'il a demeuré 10 ou 12 ans chez les sieur et dame de Chastillon, marchands de cette ville et faisant gros traficq de dentelles de fil et autres choses et y estant mesme allé avec ledit Choisne à Saint-Cantain et à Dièpe (1). »

(1) Paul Fenouilhet, marchand mercier à Alençon, qui se livrait également au commerce de la dentelle, avait eu un procès analogue en 1673, contre les marchands drapiers d'Alençon, représentés par Isaac Taunay et par Julien Thirault, maîtres-gardes. Par sentence du bailliage du 14 décembre 1673, il fut interdit aux merciers-jouailliers d'Alençon, représentés par Jean Choisne et René Morel, maîtres-gardes, de vendre ni débiter aucune draperie de la manufacture de cette ville, en conformité d'autre sentence du 19 novembre 1666, permettant aux merciers-jouailliers de vendre toutes sortes de marchandises, à l'exception des étoffes de draperie de la fabrique de la ville et faubourg d'Alençon. Cette sentence avait été confirmée par arrêt contradictoire du 27 mai 1669.

Plus tard, Paul Fenouilhet s'établit comme marchand à Paris et on l'y trouve en procès, avec François Chesnel, marchand d'Alençon, en 1689.

Un procès en diffamation, intenté au commencement du mois de juin 1695 par Thomas, sieur du Mesnil, et par Elisabeth Collet, sa femme, déjà signalés par des démêlés fâcheux, à Louis Marescot, l'ancien associé de Gence, n'est pas moins curieux. On y voit d'une part les efforts heureux de quelques fabricants pour améliorer sans cesse l'industrie du point et suivre les mouvements de la mode, d'autre part la lutte acharnée qu'ils avaient à soutenir pour se défendre contre certains concurrents déloyaux qui s'efforçaient de copier les nouveaux patrons qu'on faisait exécuter par des dessinateurs spéciaux, soit à Alençon, soit à Paris.

« Il est aisé de faire cognoistre, disait la femme Collet que ledit Marescot n'a pas eu de raison de continuer ses insultes en accusant la demanderesse de luy avoir pris quelques morceaux d'ouvrages. Car, premièrement, il n'est point impossible que différents morceaux ayent les mesmes dessains; quelques personnes mesmes peuvent, sur le dessain dudit Marescot, en avoir dressé un pareil, comme un peintre tirer un portret sur un autre portret. Ce n'est point un crime qui puisse mériter le nom de vol... Quand ledit Marescot dit que l'on luy a pris de ses morceaux, cela ne peut pas estre ; car l'on sait que les marchands tiennent registre du nombre des morceaux qu'ils donnent à leurs ouvrières et deschargent leurs registres à mesure qui (sic) leurs ont rendus. Or ledit Marescot ne peut pas dire que la demanderesse luy en ait retenu aucun ni qu'elle en ait mal pris ni retiré des ouvrières dudit Marescot...

« Dire que l'on a vu dans sa maison des morceaux d'ouvrage dudit Marescot qui ont été tirés de dessus le crion (1) et effilés, l'on en convient, mais c'étoient dix morceaux qui avoient esté baillés à la mère de la demanderesse à esbouter (2) et qui luy ont esté rendus longtemps auparavant, mesme plus de deux mois que ledit ouvrage ait paru. »

(1) Crion, pour crayon, dans le patois normand, (Louis Du Bois, Glossaire du Patois Normand). Crayon a ici le sens de dessin fait au crayon.

(2) Ebouter. Terme de point d'Alençon. Couper, éplucher et enlever les fils adhérents au parchemin et à la dentelle, dans la dentelle réseau (LITTRÉ). — Il est bon de rappeler que l'auteur du Dictionnaire de la langue française avait recueilli aux sources les termes de métier employés par les vélineuses d'Alençon. Voici un extrait de la lettre qu'il écrivit à cette occasion à M. Besnier, chef de division à la préfecture de l'Orne :

« Paris, le 2 octobre 1862.

» Monsieur,

« J'ai reçu avec votre lettre le petit Glossaire du point d'Alençon que vous avez bien voulu m'envoyer. Je vous en suis bien reconnaissant. Ce recueil de mots me sera très-utile; je ne les ai vus nulle part; il m'en faudrait un pareil pour chaque industrie. LITTRÉ. » — Cette pièce fait aujourd'hui partie de la collection d'autographes de M. L. de La Sicotière.

Finalement la dame Collet concluait en demandant 500 francs de dommages et intérêts pour le préjudice qu'elle disait lui avoir été causé par les allégations de Marescot, et une réparation d'honneur.

La réponse de Marescot et de Marguerite Collet, sa fille, nous fournit des renseignements précieux sur les procédés alors employés, lesquels différaient peu de ceux d'aujourd'hui.

« Ils représentent qu'ils font commerce de point de France, qu'ils font travailler et fabriquer sur des desseins qu'ils font dessigner, graver et imprimer en la ville de Paris et ensuite ils en mettent des morceaux entre les mains d'ouvrières dont les unes font la trace (1), le fonds (2), les autres la dentelleure (3) et autres la brode (4). Il est encore à remarquer que les filles des demandeurs ont travaillé à denteler (5) et broder pour lesdits défendeurs et quelquefois prenoient jusque à huit ou dix morceaux; et comme l'on n'en prenoit point de récespissé, il leur estoit facile, après un intervalle de temps, de n'en rapporter qu'une partie et de retenir les autres, ce qui est arrivé au subjet des morceaux qui font la matière du procès, car lesdites filles Thomas exposent en vente des ouvrages fabriqués et exécutés sur les desseins des défendeurs ; ce qui fut ainsi reconnu par ceux auxquels ils l'exposèrent en vente et en offrirent jusqu'à 22 et 23 livres de l'aune à divers marchands. Mais dans la crainte que ledit ouvrage fût reconnu en lesdits endroits, ils le retirèrent de la revendeuse pour la porter vendre à demoiselle Suzanne Gillot pour la somme de 16 livres l'aune, quoiqu'ils en eussent refusé 22 livres dans un endroit et 23 livres dans l'autre... Les défendeurs ayant esté avertis de ce que dessus allèrent chez ladite Suzanne Gillot pour en reconnoître la vérité, et effectivement ils reconnurent que ledit ouvrage avoit esté fait sur trois différents desseins, dont il y en a deux qui ont esté gravés et dessinés et imprimés dans ladite ville de Paris et l'autre dessiné à Alençon qui leur appartiennent tous trois aussi bien que du fonds qui est dans ladite pièce... Il gist en fait mesme que on leur a vu effiller et lever ledit ouvrage sur des desseins creïonnés que les défendeurs soutiennent leur appartenir. Estant à remarquer que ce procès n'a esté entrepris qu'après

(1). *Trace*, Terme de point d'Alençon. Travail consistant à couvrir d'un fil les parties piquées (v. picage), autrement dit reproduction exacte du dessin sur le parchemin dans la dentelle réseau (LITTRÉ).

(2) *Fond*. Terme de point d'Alençon. Point bouclé fait avec un fil plus gros que celui des autres points dans la dentelle réseau (LITTRÉ).

(3) *Dentelure*. La signification de ce terme technique n'est pas expliquée par Littré.

(4) *Brode*. Cordon uni et serré sur les traces (dentelle à réseau, point d'Alençon) (LITTRÉ).

(5) *Denteler*. Même observation que pour *dentelure*.

que ladite Gillot qui avoit esté priée par lesdites Thomas de l'envoyer à Paris leur lui dit qu'elle l'y avoit envoyé; mais comme il est en cette ville en la possession de ladite Gillot qui fut priée de ne r'en pas dessaisir, il sera facile de connoître la vérité de ce que dessus. »

Le morceau de point, objet du litige, ayant été déposé au greffe, Suzanne Gillot fut d'abord entendue comme témoin le 1er août 1695 :

« Suzanne Gillot, fille, demeurante à Alençon, âgée de trente ans ou environ... dépose qu'il y a deux mois ou environ que la nommée Duval luy aporta une pièce de point de France de quatre aulnes, haulte de viron cinq doigts, sans campagne (1) et proposa à la déposante de la luy vendre, sachant qu'elle en fait ordinairement commerce; et ladite Duval ayant fait ledit ouvrage un prix un peu trop haut et luy ayant dit qu'elle en refusoit 20 ou 22 livres, elle ne voulut pas le prendre...

« Et quelques jours après la nommée Delaville, accompagnée de la femme dudit Thomas, appelée Elisabeth Collet, que la déposante ne connoissoit pas pour lors, aporta le mesme ouvrage consistant en quatre aulnes de la mesme hauteur de cinq doigts, sans campagne, à la déposante qui, l'ayant examiné reconnut que c'étoit le mesme... et leur en donna 16 livres et demanda par dessus une demie aulne, ... lequel ouvrage la déposante croit ne valoir pas davantage *parce qu'il est composé d'un vieux dessein,* à l'exception de trois morceaux qui sont d'un dessein différent et plus nouveau. Et leur ayant dit que cela faisoit tort à leur ouvrage d'estre de différents desseins, ladite Thomas répondit qu'ils l'avoient fait ainsy parce qu'il y en avoit un qui coûtoit moins à faire que l'autre... »

D'après la même déposition, la femme Marescot ayant demandé à la fille Gillot de lui montrer cette pièce, y « reconnut qu'il y avoit quelques morceaux dont le fond et la dentelure estoient à elle, et qu'à l'égard de la broderie, elle estoit faite de la main des filles dudit Thomas .. Et mesme a dit depuis à la déposante qu'elle les auroit fait denteler à Falaise (2). »

Un autre témoin, Marie Duhamel, hôtesse du *Petit Dauphin,* donne des détails techniques qui, pour nous, ont leur prix, sur la manière dont Elisabeth Collet et sa fille s'y prirent pour copier les dessins de Marescot.

(1) Cet emploi du mot *campane* répond parfaitement à la définition donnée par M. Félix Aubry (*Dentelles, blondes, tulles et broderies,* p. 9).

(2) Nouvelle preuve qu'à la fin du xviie siècle comme en 1665, la fabrication du point dit d'Alençon se faisait dans toute la circonscription dont cette ville était le centre.

« Dépose que quelque temps auparavant la Pentecoste, estant bonne amie des filles dudit Thomas, elle vit que la mère desdites Thomas effiloit un morceau d'ouvrage d'un dessein crayonné haut de cinq doigts, avec le numéro au bout... Laquelle chose la déposante a vue par plusieurs fois, estant voisines desdites Thomas, et a remarqué qu'elles travailloient souvent pour ledit Marescot et qu'il leur donna bien vingt ou trente morceaux à la fois pour denteler et pour broder. Et la semaine devant la Pentecoste, la déposante estant entrée chez lesdites Thomas, elle y trouva la dénommée Barbot qui y travailloit et remarqua qu'elles aprestoient une pièce d'ouvrage qu'elles dirent à la déposante estre de quatre aulnes et demie pour la mettre en vente, ce qui étonna la déposante. Et en ayant marqué sa surprise à ladite Barbot, elle répondit qu'elle ne comprenait pas comme lesdites Thomas avoient fait ladite pièce d'ouvrage si vite et que sa servante en avoit fait trois ou quatre morceaux. »

Un troisième témoin, Antoinette Grou, femme de Louis Duval, marchand, nous fait connaître comment s'opérait ordinairement la vente des dentelles. Elle déposa que les filles Thomas lui avaient remis une pièce d'ouvrage de cinq doigts de hauteur, pour la vendre; qu'elle l'avait portée chez le sieur Bonvoust, apothicaire, qui lui en avait d'abord donné 23 livres l'aune, mais qu'ensuite ayant remarqué que la pièce était de morceaux différents, à cause de la dentelure qui était claire à quelques morceaux, épaisse aux autres il n'en voulut plus. Elle la porta ensuite chez la dame de Sainte-Croix, puis chez la demoiselle Gillot qui n'en voulut donner que 19 francs, ce qui fit qu'elle la rapporta aux demoiselles Thomas.

On entendit également une ouvrière, Jeanne Duhamel, qui avait été employée à repasser vingt-quatre à vingt-cinq morceaux d'ouvrage brodé, de hauteur de cinq doigts, « lesquels morceaux estoient ôtés de dessus le parchemin, pourquoy elle ne vit point le crayon... »

« Les dénommés Graffin et Genesle ayant examiné ledit ouvrage le trouvèrent fort beau et dirent que la broderie ne revenoit pas au fonds et à la dentelure et qu'elle n'estoit pas de beaucoup si belle. »

Guillaume Lecomte, marchand de point de France fut aussi entendu et sa déposition offre un intérêt capital :

« Dépose qu'un jour de samedy, il y a un mois ou environ, il entra chez la damoiselle Gillot pour luy vendre de l'ouvrage et trouva qu'elle ployoit trois pièces d'ouvrage dans une carte pour l'envoyer à Paris; et comme il est du métier et qu'il se connoît bien à l'ouvrage, il examina lesdites trois pièces et entre autres une qui estoit de cinq doigts de hauteur, laquelle il trouva fort belle et reconnut qu'elle estoit faite sur le dessein dudit Marescot et de son mesme ouvrage; crut mesme que c'estoit ledit Marescot qui avoit vendu ladite pièce. A quoy ladite Gillot répondit que ce n'estoit pas ladite Marescot qui l'avoit vendue et si c'avoit esté luy il ne l'auroit pas donnée pour 16 livres, et en effet ledit ouvrage vaut bien 30 livres l'aulne...

« Et après que le déposant a eu examiné ladite pièce, il a reconnu que c'est la mesme qu'il vit chez ladite Gillot; et nous a fait remarquer comme elle est composée de plusieurs morceaux différents et comme quelques-uns desdits morceaux ont esté faits sur le crayon dudit Marescot, ayant pour cet effet apposé en nostre présence lesdits morceaux sur ledit crayon et fait remarquer comme les fleurs, feuillages et brides (1) dudit ouvrage se raportent entièrement au crayon dudit Marescot, nous assurant que ledit ouvrage ne peut pas avoir esté fait sur un autre dessein. Et après avoir aussi examiné les morceaux dudit Marescot et confronté avecq ledit ouvrage, il a reconnu que c'est le mesme dessein et la mesme fabrique, et que la pièce d'ouvrage en question est composée de trois desseins, différents les uns des autres et qui ne peuvent pas estre rassemblez les uns aux autres, en telle sorte que ladite pièce est toute difforme et que le déposant reconnoist que les trois différents desseins dont est composée ladite pièce appartiennent audit Marescot; croit mesme que le fonds et la dentelure appartient audit Marescot en la plus part. »

La déposition de René Hourdebourg, marchand d'ouvrages, est à peu près identique à la précédente. Celle de Louis Chambay, « dessinateur, » demeurant au faubourg de Montsor, assigné pour reconnaître les desseins n'est pas moins explicite :

« A reconnu que plusieurs morceaux qui composent ladite

(1) *Bride*, « petits tissus de fil qui servent à joindre les fleurs les unes avec les autres, dans l'espèce de dentelle qu'on nomme point de France », (LITTRÉ).

Il ne faut pas confondre ce terme avec le point particulier qu'on fabriquait à Argentan et qu'on appelait *point de bride* ou bride d'Argentan. M. Aubry prétend que ce genre de point « était beaucoup moins estimé que le fin réseau (*Dentelles, blondes, tulles*, p. 15). Tout autre est l'opinion de miss Bury-Palliser. (*Histoire de la dentelle*, chap. XIV, Point d'Argentan) : « Alençon, dit-elle, faisait le plus fin réseau, Argentan excellait dans la bride ; les fleurs d'Argentan étaient plus hardies, plus grandes, plus compactes; l'ensemble du travail avait un caractère différent, il se rapprochait plus du point de Venise. Sur le fond clair de bride, ces dessins produisaient plus d'effet que le travail délicat d'Alençon ».

Au reste, la même dame s'est complètement trompée en disant : « On ne trouve aucune trace historique d'un établissement fondé par l'État, à Argentan, pour la fabrication de la dentelle et, selon toute apparence, il n'y en a pas eu ; il est probable que les dentellières Argentanaises ont par degrés, perfectionné leur travail, imité les produits de Lonrai. » (*Ibid*).

pièce d'ouvrage ont esté faits sur les crayons appartenant audit Marescot, pour avoir veu lesdits desseins entre les mains d'ouvrières qui travailloient pour ledit Marescot, et mesme a reconnu quelques autres morceaux qui composent ladite pièce, lesquels ont esté faits sur du picot (1) que le déposant a crayonné luymesme et qui appartient audit Marescot: en sorte que ladite pièce d'ouvrage est de trois desseins différents, y ayant trois morceaux faits sur le picot qu'il a dessiné, deux autres morceaux faits sur du crayon et le reste de ladite pièce fait d'un ouvrage esgal et sur deux crayons venus de Paris, lesquels desseins il a veu audit Marescot. »

Mon intention n'est pas, pour le moment du moins, de pousser plus avant ces recherches sur le point d'Alençon. Il me suffit actuellement d'avoir mis au jour les documents absolument ignorés, qui forment comme les premiers jalons d'une étude complète sur l'histoire de cette fabrication.

Le transfert aux Archives départementales des papiers du greffe du bailliage d'Alençon, m'a permis d'entreprendre un classement dont j'ai cru de mon devoir d'offrir à la *Société Historique et Archéologique de l'Orne* les premiers résultats. Cet essai peut servir à faire connaître les ressources inespérées qu'offre pour l'histoire locale, ce fonds jusqu'ici absolument fermé et dont le dépouillement complet exigera encore plusieurs années de travail.

Je laisse au lecteur le soin de formuler les conclusions que comportent ces recherches encore bien insuffisantes. Au reste les éléments d'une enquête complète sur l'état de l'industrie française au XVII° siècle, n'ont encore été réunis nulle part.

M. Levasseur, dans son *Histoire des Classes ouvrières en France*, a tracé le tableau le plus assombri de la situation de notre industrie à la fin du XVII° siècle (2). D'après ce savant, que le lycée d'Alençon est fier d'avoir compté quelque temps au nombre de ses maîtres, la décadence qui frappa la France après Colbert, ne s'étendit pas seulement sur les lettres et les arts.

« La cour, dit-il, cruellement éprouvée par des revers ou par des deuils, assombrie par la dévotion étroite de Mme de Maintenon, ne donnait plus l'élan aux arts et à l'industrie et ne conservait plus qu'un pâle reflet de ses magnificences passées... Deux

(1) *Picot.* Terme de point d'Alençon. Partie de la brode qui règne sur le bord de la dentelle et sur quelques fleurs dans la dentelle réseau (LITTRÉ).

(2) *Histoire des classes ouvrières en France*, t. II, p. 285 et 287.

grandes causes contribuèrent à ruiner l'industrie, la révocation de l'édit de Nantes et la guerre... Les intendants ont dit dans leurs mémoires ce qu'était devenue à la fin de la guerre (pour la succession d'Angleterre) la France de Colbert (1)... *On ne faisait presque plus de dentelles à Alençon, ni à Sedan.* »

Dire qu'on ne faisait presque plus de dentelles à Alençon à la fin du XVIIᵉ siècle est une exagération que les documents que nous publions serviront à réduire à sa juste valeur (2). Il est à croire que la guerre et ses conséquences désastreuses, dépeintes en termes si énergiques par Fénelon et par Vauban, en diminuèrent sensiblement le débit, quoique les Français aient toujours eu la réputation d'avoir plus de peine à s'interdire le superflu, qu'à supporter la privation du nécessaire. On manquait quelquefois de pain à l'armée, mais jamais de tabac, et nos officiers presque sans solde et réduits à vivre au jour le jour, trouvaient encore le moyen d'acheter des dentelles.

Louis DUVAL.

(1) On trouva dans les chroniques locales d'Alençon et d'Argentan, des témoignages positifs de l'état d'épuisement de la bourgeoisie des villes dès les commencements de cette fatale guerre. Voir notamment les mémoires manuscrits de Thomas Prouverre, dont une copie existe à la bibliothèque publique d'Argentan.

(2) Dans son Mémoire sur la généralité d'Alençon (1698), M. de Pommereu, intendant, donne les détails suivants sur la situation du commerce et de l'industrie du point d'Alençon :

« Commerce et manufactures..... La manufacture des poincts de France est aussi une des plus grandes du pais. — (On vient de parler des manufactures de toiles.) Ces ouvrages ont commencé à Alençon où la plupart des femmes et des filles y travaillent, au nombre ou plus de huit à neuf cents, sans compter les ouvrières de la campagne, qui sont en grand nombre. C'est un commerce d'environ *cinq cens mille livres par an*. Ce poinct est appelé communément velain dans le pais, le plus grand débit s'en est fait à Paris durant la guerre; mais il augmentera beaucoup par la paix à cause du transport qui s'en fait aussi dans les pais étrangers. »

NOTES ET ÉCLAIRCISSEMENTS

P. 61, — Le 28 mai 1678. — Lisez 28 mai 1672,

P. 70. — *Procès-verbal de la visite des courriers :*

« Du lundy quatrième jour de janvier mil six cent soixante-six.

« Nous, Antoine de la Fournerie, sieur du Plessis-Bochard, conseiller du Roy, lieutenant particulier, civil et criminel au bailliage et siège présidial d'Alençon,

« Estant dans le greffe dudit bailliage à interoger pour le fait dès points deffendus, en exécution du procès-verbal rendu par le procureur du Roy, le xxiv de décembre dernier, s'est présenté Me Jacques Leprovost, directeur du bureau de la manufacture des points de France de cette ville d'Alençon, lequel nous a dit avoir eu advis qu'au préjudice des deffenses faites aux habitants de cette ditte ville, de faire aucun trafic, faire ny fabriquer aucuns ouvrages de fil, et enjoint de se défaire de ceux dont ils peuvent être saisis, en l'estat qu'ils estoient, plusieurs particuliers de cette ditte ville en avroient fait fabriquer, afin de les envoyer dans les villes de Paris et Rouen ; ce qui l'a obligé de faire arrêter les courriers de ces villes, afin d'y être dressé procès-verbal et reconnoître la vérité, nous requérans pour cet effet qu'eussions à nous transporter dans l'hôtellerie du Morre, située au faubourg de Saint-Blaize de cette ditte ville où lesdits couriers sont. Suivant laquelle réquisition nous estant transportés en ladite hostellerie du Morre, assisté de Me Guillaume Thomas, greffier ordinaire dudit bailliage, s'est présenté le procureur du Roy, lequel suivant la dénonciation dudit sieur Leprovost a requis, que ouverture fust faite des vallizes pour Paris et Rouen, afin de recognoistre sy dans ycelle il y a aucun des points deffenduz. En exécution de quoy, après avoir mandé Charles Hurault, maitre de la poste de cette ville avons, en la présence dudit procureur du Roy et dudit sieur Leprovost, fait ouvrir lesdittes valizes par Elisabeth Vesly, femme dudit Hurault, en l'une desquelles, scavoir en celle de cette ville pour Rouen, il ne s'est trouvé aucun ouvrage non plus que dans celle pour Paris. Au moyen de quoy lesdittes vallizes et paquets ont été recachetez par laditte femme Hurault et les couriers congédiés. Et avons dressé le présent procès-verbal pour servir ce que de raison. »

P. Le Hayer,
Prevost,

De la Fournerie,
Thomas.

P. 76. — On a vu que la Bretagne était un des débouchés de nos fabricants. Un procès qui s'éleva en 1687 entre Louise Lefrère, veuve de Samuel Collet et ses associés nous signale en outre la province d'Anjou. La société avait été formée le 15 janvier 1686. Israël Levesque, principal associé, avait apporté pour sa part 300 livres. Voici un extrait de la déposition de Louise Lefrère (16 août 1687) :

« A répondu qu'il est véritable qu'elle est allée en Bretagne avecq ledit Levesque et son gendre pour vendre les marchandises de leur société, et qu'elle accompagnoit ledit Levesque et son dit gendre dans les maisons où s'exposoient lesdites marchandises, mais attendoit à la porte pendant que ledit Levesque et son gendre faisoient leurs ventes ; n'a receu les deniers d'icelle, mais seulement ledit Duperche, son gendre, leur fournit à Rennes 49 livres, pour une part, et 6 livres pour autre... dont elle rendit au bourg de Prez-en-Pail la somme de 49 livres 10 sols d'argent qu'elle avoit en son particulier.

« Jean Duperche, pris par serment s'il n'a pas receu tous les deniers des marchandises vendues en Bretagne ainsi que celles vendues en Anjou et s'il n'a pas, luy ou sa belle-mère, neuf pièces de toiles en troques de point de ladite société dont il n'est point tenu compte.

« A dit qu'il n'a receu en Bretagne que ladite somme de 55 livres, ledit Levesque ayant receu le reste du prix desdites marchandises vendues en Bretagne. Recognoît avoir receu le prix de celles vendues en Anjou ; desquels deniers il a acquitté 20 livres envers le sieur Marigner, 18 livres envers la dame Londeau et autre somme de 18 livres envers la nommée Cécile Lebrecq, revendeuse, si bien qu'il ne reste entre ses mains que 16 livres quelques sols, la dépense de 32 livres 18 sols reprise ; la somme totale des marchandises n'estant que de 104 livres. Est véritable qu'il a troqué des pièces de toiles, ne peut dire combien de pièces, dont il n'est point demeuré saisy.

« Israël Levesque... recognoit avoir esté rensaizy d'ouvrages pour son compte, jusques à la valeur de 195 livres et estre encore saisy d'autres marchandises, jusques à 178 livres du compte de ladite Lefrère qu'il offre leur remettre entre mains en luy payant 69 livres, suivant le compte fait entre eux.

« Magdelaine Delaville, femme dudit Levesque, jurée de dire s'il n'est pas véritable qu'elle est encore saisie de bende brodée appartenant à ladite Lefrère, non comprise dans la société. A dit qu'il est véritable qu'elle a offert devant deux marchands, pris pour compter, rendre à ladite Lefrère. »

P. 81. — A propos du jeu de loterie établi par la reine à Versailles et où le point d'Alençon figura avec honneur, comme on l'a vu par le procès de la dame Berryer, M. Gustave Le Vavasseur nous apprend que l'usage de donner comme enjeu de la dentelle remonte au temps même où les Nymphes de Vaux embellissaient les loisirs du surintendant Fouquet. On lit dans les Mémoires de Gourville : « On jouait presque tous les jours chez madame Fouquet assez gros jeu... On jouait aussi assez souvent des bijoux de conséquence, des *points de Venise* de grand prix et, autant que je. m'en peux souvenir, *des rabats pour soixante-dix ou quatre-vingt pistoles chacun.* »

Donc, avant Colbert et le monopole, conclut M. Le Vavasseur, les rabats de Venise valaient de 7 à 800 livres. Combien sous le privilège? Moins sans doute.

P. 85. — *Extrait de la requête de Gabriel Gence et de ses associés.*

« Remontrent que depuis trois ou quatre ans, ils ont esté obligés de faire faire de nouveaux desseings pour faire travailler sur iceux les ouvrières auxquelles ils les despartent de temps en temps, lesquels desseings reviennent à grand prix aux suplyants, et ceux pour lesquels il font travailler. Cependant quantité de personnes malveillantes dérobent lesdits desseings, d'autres les vendent et en tirent de l'argent, de sorte que ceux quy les ont ainsy dérobez ou acheptez font travailler et ont des ouvrages parfaits sur yceux longtemps auparavant lesdits supplians, ce qui cause une grande perte aux marchands pour lesquels il font travailler. Davantage, il se rencontre d'autres personnes assez mallicieuses pour desrober les ouvrages dans les bureaux des supplians; d'autres les vendent ou acheptent lorsqu'on les leur a baillez, soit pour faire du fong (*sic*) ou pour denteler ou broder, après avoir osté les marques desdits supplians qu'ils ont accoutumé de mettre sur chacun morceau, baillé à travailler; et lorsque ladite marque est ostée, lesdits particuliers vont vendre les ouvrages à qui bon leur semble, comme s'ils estoient à eux en propre, mesme les font vendre par personnes interposées, de crainte d'estre recogneues et aucuns autres recellent lesdits particuliers, acheptent d'eux lesdits morceaux, ainsi mal pris et volez. Toutes lesquelles choses méritent un chastiment exemplaire, à l'encontre de ceux qui se trouvent coupables et dont il est presque impossible d'avoir révélation, si ce n'est par censures ecclésiastiques.

« A ces causes, mon dit sieur, il vous plaise ordonner qu'il sera informé des faits ci-dessus, à laquelle fin accorder mandement aux supplians, pour faire assigner tesmoins et leur permettre d'obtenir et faire publier et fulminer monitoire de quéremonie en termes généraux, pour en avoir révélation. Et vous ferez justice.

| « GENCE, | L. MARESCOT, |
| « GUITTON, | CLOUET, procureur. » |

P. 104. — Parmi les marchands de point d'Alençon à la fin du XVIIe siècle, on peut citer encore François Yvon et Françoise Langlois, sa femme, qui eut querelle, au mois de juin 1699, avec Françoise Gastine, ouvrière dentellière.

9 juillet 1699. Déposition de Marie Richer, veuve de Jean Gousde marchand.

« Dépose qu'il y a un mois ou environ, un jour qu'il pleuvoit beaucoup, sur les huit à neuf heures du matin, ladite Gastine estant à travailler chez elle, ladite femme Yvon y vint luy demander un morceau d'ouvrage qu'elle faisoit pour elle et la pressa fort de luy rendre ledit morceau dont elle disoit qu'elle avoit à faire. Au mesme temps se jetta à du fil qu'avoit ladite Gastine dont elle se saisit et qu'elle emporta en disant qu'elle vouloit ravoir son morceau. »

Nicollas Seurin, fillotier, déposa « qu'il vit ladite Gastine rapporter un morceau d'ouvrage à ladite femme Yvon... Et ladite Gastine voullant entrer dans la maison de ladite Yvon pour avoir son fil, ledit Yvon vint à paroistre, lequel en disant : « Qui m'a donné cette bigresse-là, » prit ladite Gastine par le costé de la teste et la jetta dehors. Ladite Gastine s'estant relevée se jetta à ladite Langlois qui estoit proche d'elle et, continuant de lui demander son fil, la saisit par le mouchoir qu'elle avoit au col et collier de jeys qu'elle luy effila. »

La fille Gastine lui déchira ensuite une coiffe de dentelle qu'elle avait sur la tête. La femme Langlois estimait sa coiffe huit à dix livres.

www.ingramcontent.com/pod-product-compliance
Lightning Source LLC
Chambersburg PA
CBHW052046270326
41931CB00012B/2654